【文庫クセジュ】

デカルト

ロランス・ドヴィレール著
津崎良典訳

Que sais-je?

水社

目次

凡例

一、本書は、Laurence Devillairs, *René Descartes* (coll. « Que sais-je ? », n° 3967, P.U.F./Humensis, Paris, 2013) の全訳である。

一、原著の引用符« »は「 」で表記する。( )はそのまま表示する。

一、原著のイタリック体による強調は傍点で、同字体による書名ならびに映画名は『 』で示す。

一、本文中の[ ]は著者による挿入を示す。訳者による補足は〔 〕で囲んで挿入する。適宜フランス語などの原語を示すためにも用いる。

一、著者が引用した文献について、日本語訳のあるものは適宜参照し、書誌情報と頁数を明示する。その引用に際しては、変更を施した場合もあるが、逐一明示することはしない。なおデカルトについては、白水社から一九九三年と二〇〇一年に刊行された『増補版デカルト著作集』全四巻、ならびに知泉書館より二〇一二年から二〇一六年にかけて刊行された『デカルト全書簡集』全八巻を基本的には参照し、該当箇所の巻数と頁数を前者の略記号である白と後者のそれである知とともに適宜明示する。

一、著者は、ラテン語を原語とするデカルトの著作(とりわけ『精神指導の規則』『省察』『反論と答弁』ならびに『哲学原理』)からの引用に際して、既存のフランス語訳を参照している。本書では、そのフランス語訳をもとに訳出したため、いわゆるデカルト原典主義を採用していない。

一、原著に人名索引はない。訳者が新たに作成した。

はじめに　五人目の銃士

「私は思う、ゆえに私は在る」という一文は、哲学史上おそらく最も有名なものだろう。しかし、デカルト本人は哲学史というものに不満を示しており、そのことは彼自身の哲学の〔その後の〕軌跡からすれば意味深なことである。というのも、これまで彼の哲学のなかでたびたび注目を集めてきたのは、あまりデカルト的とは言えない、ということはあまり破壊的ではない箇所だったからである。こうして、デカルト哲学の信奉者つまりカルテジアンを自称する人々こそデカルトからひどく遠ざかってしまうことが、〔哲学史ではむしろ〕当然のように生ずる。彼らはたとえば、デカルトを或る種の科学至上主義に結びつける。つまり、「二に二を加えれば四になる」[1]といった類いの確実性だけに括《くく》り付けられ、

（1）これは、デカルトの生きていた時代に起きた戦争で元帥を務めたマウリッツ・ファン・ナッサウが述べたとされるもの。モリエールの『ドン・ジュアン〔*Dom Juan*〕』にも取り上げられている〔オランダ総督マウリッツは、スペインとの八十年戦争で中心的な役割を果たし、「二に二を加えれば四になる」という文言を→

また、科学によって証明されるもの以外はすべて非合理的だと判定して拒絶する、頑強な主義主張である。ところがデカルトの哲学は、おそらく合理主義ではない。あるいは、合理主義だとしてもせいぜい或る程度までのことでしかない。それほどまでにこの哲学は、あらゆる類型化を免れている。デカルトが人々の待ち構えているところに姿を見せることはほとんどないのだ。

また、彼が記述する人間は、純粋な精神、つまり、肉体を持たない存在だとも言われてきた〔いわゆる心身二元論のこと〕。それは彼が「冬中ずっと炉部屋に閉じこもっているあいだ、あれこれ考えているうちに見つけ出したもの、あるいは思い付いたものである〔……〕。あれほどの慎重さで身を固めた偉大なデカルトに、いったい何が生じたのか。彼は、さらに一歩、いやもう一歩と自分のなかを前進するや否や、良識を備えた人々の大半が当然、違和感を覚える事柄を、本人にとっては明証的なものとして強調することになる(2)」。

それとは反対にデカルトの哲学は、陳腐で害を及ぼさないもの、「女どもの手芸、老嬢の刺繍(3)」のようなもの〔つまり現実の諸問題を直視しない有閑者の暇つぶし〕として描かれもした。かの有名な〔デカルト哲学の重要な概念で、「私は思う」を意味するラテン語の〕「コギト」についてはどうか。そんなものは「自己の不毛な内的自由の小さな核を愛する〔……〕プチ・ブルジョワ(4)」の空想の産物だと言われてきたし、デカルトとは「糸を垂らした釣り人、ペルノー〔アニスで風味をつけたリキュール〕を飲む人、会議の席上で、労働組合の集まりで、あるいは応接間でお喋りをする人々からなる(5)」フランスのことだとも言われてきた。

いったいどうすればデカルトの哲学をこのように曲解することができたのか。むしろ彼の哲学は数多《あまた》の点で、実践上の効用を追求するものである。一年のあいだに数時間だけ行うのがよいとデカルトが

→自身の信条にするほどの合理主義者であったとされる〕。

（2）サント＝ブーヴ、『ポール・ロワイヤル史〔*Port-Royal*〕』第三巻第三部〔サント＝ブーヴ（Sainte-Beuve）は、十九世紀フランスを代表する文芸評論家。印象批評ではない、伝記や書簡を駆使した綿密な調査に裏付けられた作家に対する深い理解による批評を確立し、近代批評の父と評された〕。

（3）ポール・ニザン、『番犬たち〔*Les Chiens de garde*〕』（パリ、リーデル、一九三二年、五六頁〔海老坂武訳『ポール・ニザン著作集』第二巻所収、晶文社、一九六七年、四一頁〕）〔ニザン（Nizan）は、一九〇五年生まれのフランス人作家。『番犬たち』は、いわゆる御用哲学者たちを痛烈に批判した書物。フランス共産党員であったが、一九三九年の独ソ不可侵条約によるフランス共産党の混乱をうけて離党。翌年、戦死〕。

（4）ポール・ニザン、一九三二年十二月三十日付『リュマニテ〔*L'Humanité*〕』〔フランス共産党機関紙〕。のちに『新しい文化のために〔*Pour une Nouvelle Culture*〕』（パリ、ガリマール、一九七一年、四七－五〇頁）〔木内孝訳、法政大学出版局、一九八七年、四一頁〕に所収。

（5）ピエール・ドリュ・ラ・ロシェル、『今世紀を理解するための覚書〔*Notes pour comprendre le siècle*〕』（パリ、ガリマール、一九四一年、一七二頁）〔ドリュ・ラ・ロシェル（Drieu La Rochelle）は、一八九三年生まれのフランス人作家。一九三〇年頃から、ヨーロッパ統合の可能性をファシズムに見てとり、第二次世界大戦中は文芸雑誌『新フランス評論（*La Nouvelle Revue française*）』の編集長として、ドイツ占領軍に協力、パリ解放の翌年一九四五年に自殺〕。

はっきりと述べている理性の純粋な〔つまり身体の影響を被らない〕行使よりも、感覚がもたらす心地よさと「精神の休息[6]」のほうが目指されているからだ。彼が若い頃に書いたものは、形而上学〔学知がそれとして成立するための原理や構造について考察する研究〕に関するものばかりではない。たとえば、剣術に関する論考がある。しかも、或る婦人の澄んだ瞳をかけて〔剣術をもって〕決闘をしたとさえ言われている。生涯の終わりにさしかかった一六四九年十二月には、〔スウェーデン〕女王クリスティナの誕生日ならびに〔三十年戦争の終結によってもたらされた〕平和を祝うために舞踊劇《バレエ》を仕上げた。解剖にも取り組み、書斎を見せて欲しいと頼んできた紳士には、「解剖中の子牛しか見せなかった。子牛については昔から研究していたからである[7]」。哲学史の書物よりも任侠《にんきょう》騎士小説のほうがぴったりの波乱万丈な人生である。第五の銃士〔アレクサンドル・デュマ『ダルタニャン物語』に登場する著名な四人の銃士に匹敵するほどの銃士ということ〕というわけだ。その狙いは、「〔自分の〕理性をつちかい、そして予め定められた〔……〕方法に従って、真理の認識において〔……〕歩みを進める[8]」ことだが、そのために志願兵としての彼の一面[9]が見過ごされてはならない。彼は仮面をつけながら前進していく〔「仮面を被って進み出る[10]」〕。しかも、「世界という大きな書物[11]」を踏破する探訪家を装うことで、その知的野望を見破られないようにしながら……。勉学に費やした日々は満足のいくものではなかったし、時間の無駄だったという思いから、彼は自分の価値をまずは戦場〔当時ヨーロッパは三十年戦争の最中だった〕で試そうとした。なぜなら、戦場では腰抜けも引き返しもまったく許されないから。つまりデカルトは、真理を探究するどころか虚勢を張ってばかりの論争から〔砲弾の飛び交う戦場でそうするかのように〕瞬時に身を引くことで、学識《エルディシオン》(12)を、要するに、重箱の隅をつついてばかりで不毛な書物のうちに無味乾燥な状態で見出される知識すなわち書物偏重の知識を退けた、ということである。こうして、彼が創出しようとする哲学は、ソクラテス(13)の

---

(6) デカルトからの引用はすべて、例外を除いてシャルル・アダン〔Charles Adam〕とポール・タヌリ〔Paul Tannery〕によって刊行されたデカルトの『著作集〔*Œuvres*〕』（パリ、ヴラン、一九九六年）から行う。ATという略記号に続けて、ローマ数字で巻数を、アラビア数字で頁数を示す。ここでの引用は、一六四三年六月二十八日付エリザベト宛書簡（AT III, 693）〔知第五巻三〇一頁〕から。

(7) A・バイエ〔Baillet〕『デカルト殿の生涯〔*La Vie de M. Descartes*〕』（一六九一年。ジュネーブのスラトキン・リプリンツより一九七〇年に再刊〔縮約版の邦訳は、井沢義雄と井上庄七により『デカルト伝』（講談社、一九七九年）として刊行〕）。

(8) 『方法序説』（AT VI, 27）〔白第一巻三四頁〕。

(9) 〔訳注〕デカルトは一六一八年頃、フランスのポワチエ大学で法学を修めたのち、オランダで軍職に就いた。その後、一九二〇年には軍職を辞し、イタリアなどヨーロッパ各地を旅行した。

(10) 『思索私記』（AT X, 213）〔白第四巻四三七頁〕。

(11) 『方法序説』（AT VI, 9）〔白第一巻一八頁〕。

(12) デカルトは、一六四八年一月三十一日付エリザベト宛書簡（AT V, 111-113）〔知第八巻五頁〕のなかで、かつて『学識論〔*Traité de l'érudition*〕』の執筆計画を立てていた〔ことを表明している〕。

教えに忠実なものになる。三段論法という重荷から解放された哲学、自分と、そして〔ソクラテスがアテナイの市民と対話したように〕読者とのあいだで交わされる対話を通じて、書物のうちにではなく〔各人に自然本性的に備わっている、事物《もの》の正否を裁定する〕「良識」のうえに打ち立てられる哲学だ。なぜなら真理の探究に必要なのは、〔読書を通じて〕古典的教養を身につけていることでも学術用語を使うことでもなく、注意深くあること、そして決断力を備えていることだから。デカルトは述べる、「もし私たちがプラトンやアリストテレスのすべての議論を読みはしたが、私たちに提起された問題に〔確固とした〕判断ができないなら、哲学者になることは決してないだろう。思うに、こうして、私たちは学問ではなく物語を学んだのだ、と見なされるのだろう(14)」。自分のまわりを見渡しても、紋切り型の主義主張と、自分にはお馴染みの知識しかない。となると、ただの物知りよりも、上出来な頭脳の持ち主のほうがすぐれていることになる。そのような人物には、方法の規則が幾つかあればそれで十分だろうから。つまり、監督権と支配権を握るべきは、〔知識の蓄積よりも、また数多の方法の規則よりも〕理性のほうなのである。「理性を使えなくなるくらいなら、命を失うほうがまだましだ(15)」と述べられているように。

確実で決定的な学問の基礎を固めるという計画を実現するには、独立独行が絶対だ。これこそ、デカルトが〔祖国フランスを〕離れてオランダで暮らした理由である。オランダでは商業上の関心から、各人の自由が保障されていた。とりわけ思想と出版の自由が保障されていた。この夢のような国で、もし他人の存在が鬱陶《うっとう》しいと感じられるなら、それは、森を散策する時に樹木が邪魔になる程度でしかない(16)。

しかも、パリのいたるところで目に付く軽薄さと虚《むな》しい詮索好きとは比べようもない。実際に、デカルトがごくまれにパリを訪れると、誰も〔デカルトに〕哲学について語ってもらいたいとは思わず、みな彼のことを「象か豹のようなものとして」見た――「物珍しさのためであって、何か有益なもののためではない」[17]。〔独断よりも無知からくる〕愚かな言動が幅を利かす土地に住まいがある時、哲学者ならいったいどのような気分がするだろう。そう考えてみると、哲学者デカルトがアムステルダムで多幸感に包まれていたことには納得がいく。彼はそこで、数学の諸問題ですでに〔その有用性が〕検証済みの或る一揃いの方法に従った普遍的な学問を構築するという自分のプロジェクトに専念できたのだから。この方法は、数学において確保されるのと同程度の自明性をもって、〔私たち人間に〕認識可能なすべての対象に

---

(13) デカルトは、『ソクラテスの神について〔*De Deo Socratis*〕』という一冊の書物をソクラテスにとっての霊的存在〔ダイモン〕という主題に割いたらしい(バイエ、前掲書、第二巻、四〇八頁)。
(14) 『精神指導の規則』(AT X, 367)〔囼第四巻一九頁〕。
(15) 一六四五年九月一日付エリザベト宛書簡(AT IV, 282)〔知第六巻三二六頁〕。
(16) 一六三一年五月五日付ゲ・ド・バルザック宛書簡(AT I, 203)〔「私は毎日、〔アムステルダムの〕多くの人々の雑踏のあいだを散歩しますが、それはあなたが自由と安らぎとをもってあなたの並木道を散歩できるのと同じです」(知第一巻一八七頁)〕。
(17) 一六四九年三月三十一日付シャニュ宛書簡(AT V, 329)〔知第八巻一七〇頁〕。

適用されることになる。つまり、魂、神の諸属性、自然に関する諸法則、世界とさまざまな有機体の生成、そして動物と植物の本性である。数学をこのように形式論理学として構築するという着想は、医師であり、また〔数学をはじめ〕諸学に通じていたオランダ人ベークマンによってデカルトにもたらされた。しかしデカルトは、誰であれ師というものを持つのを拒んでいたし、ベークマンが自分こそその考案者であると主張していた自然学[18]−数学的方法は、実際のところ知識人たちのあいだで共通の話題にのぼっていた。いずれにせよデカルトの処女作〔にしてベークマンに捧げられた論文〕である『音楽提要』は——本人はこれを「悪しく舐《な》められた小熊[19]」と呼んでいた——、協和音に関する数学理論を〔現代の用語で言えば〕美学〔つまり理性的認識ではなく感性的認識を対象とする学問〕に導入する試みである。そうすることで、実在的なものを数学的に解釈する可能性が示される。しかしデカルトの夢は、もっと壮大だ。順序と尺度〔つまり計量的関係〕のもとにあるすべてのものを対象としつつ、確実な根拠と演繹のおかげで断ち切ることのできない鎖によってさまざまな学知を互いに結びつけ、そして、一つに纏《まと》め上げようとした〔つまり「普遍数学」と呼ばれるものを構築しようとした〕からである。[20]このような試みは、言葉の厳密な意味における夢に他ならない。しかもデカルトはその詳細について、彼自身のものとは想像し難い興奮した調子で、亡霊、カボチャ、旋風、そして雷鳴〔といった夢幻的なイメージ〕を混ぜ合わせながら語っている。これらの夢幻的なイメージは、彼の哲学的思索としては最初期のものに付随して現れ、『オリュンピカ』という野心的な——なぜならそれは神々の国という意味なのだから——題名を与えられた小さな帳面のうちに書き留められている。そして『オリュンピカ』については、ライプニッツが行った不完全な転写を介して私たちに知られるところとなっている。デカルトは、このような秘儀伝授がなされる霊夢、しかも当時の一般的な文学表現であった霊夢のなかで、あらゆる学問を取り纏めた百科事典のようなもの、ならびに詩集のようなものを見つける。そして、この詩集をなんとはなしに開いてみると、そ

---

(18)〔訳注〕西洋哲学において、自然一般を研究対象とする思弁的性格の強い学問分野のこと。欧米語では物理学と自然学が同一の語で表されるが(フランス語では physique、ラテン語では *physica*)、それは、自然学が近代以降、その思弁的性格を失い精密科学としての物理学に変貌していったことの傍証である。古代ギリシアでは、すでにとりわけイオニア学派が自然に関する神話的解釈に満足せず、独自の原理的な考察を行ったことが知られており、西洋哲学における自然学の幕開けと見なしうるが、学問としてこれを確立し、後世に多大な影響を及ぼしたのはアリストテレスに他ならない。

(19) AT X, 140-141.〔アリストテレスが『動物誌』で報告しているように、母熊は小熊を未分化な状態で生むことから、小熊を舐めることで然るべきかたちに育てるという逸話がヘレニズム時代に作られた。この逸話が文化的資源となって、とりわけルネサンス以降、アナロジーによってさまざまに解釈された。たとえばモンテーニュによれば、学芸は母熊が小熊を舐めることで次第に成長するように進展していくという。同様のアナロジーによりデカルトは、自分の作品が出来の悪いものであることを言うために、この文化的資源を用いたのだろう。〕

(20)『精神指導の規則』(AT X, 378-379)。

こには次のような詩句が書かれていた――「我、人生のいかなる道にぞ従わん」(21)。この詩句が問いかけるのは、お前はどのような生き方を選びとるのかということなのだから、デカルトはさまざまな道が交叉するところに立っているわけだ。軍人として人生を歩むのか、法曹界に進むのか、あるいは知識人として生きていくのか。これほどまでに重大な選択が、どうでもよい冷めた調子で語られるわけがない、ということは理解できる。自分の将来について決定を下さなければならないというのは、或る意味で神秘体験のようなものだからだ。それは、自分の人生の方向を決めるために、あえていったん自分の生の外側に出ることである。つまり、自分の存在を俯瞰的な視点から眺望するという経験であるが、普通であればこのような経験は、〔死へと運命づけられている人間の存在意義に関する考察として古代ストア派の哲学者などによって「哲学」と同一視された〕死の練習においてこそなされるものなのである。

　こうしてデカルトは、〔十七世紀の科学革命をもって成立すると考えられている科学《シアンス》としての〕学問《シアンス》と〔錬金術、占星術、心霊術など、科学の諸原則から逸脱していると判断される〕隠秘学《オカルティスム》〔つまり隠されたものに関する学知〕を混ぜ合わせている点で、ルネサンスの精神的風土に根差した人間であると言えるが、逆説的にも、彼がその霊夢のなかで描き出したプロジェクトは、思考の新たな〔つまりもはやルネサンス的ではない〕方途を切り開くものであった。この方途において優位にたつのは、〔全用語の定義と全命題の証明を論理の必然性に基づいて体系的に行う〕幾何学的な厳密さであり、数学的な形式主義である。デカルトの野望には、夢であればこその大胆さが認められる。その夢は、普遍的で数学的な、しかもその対象の感覚的な次元における〔個別的かつ具体的な〕在り方には無関心な、或る一つの学問に関する。この学問はまさしく、さまざまな図形の個別性を削ぎ落として〔普遍化・抽象化する〕幾何学のようなものであり、また、数学それ自体には囚われず、これを記号に置き換える算術のようなものである。この〔「普遍数学」と呼ばれる学問の確立という〕理想はずっと後になってもまだ、〔そもそもラテン語で書かれた〕『哲学原理』〔をフランス語に訳した人物への書簡という体裁をとる〕序文のなかに出てくる、学問の樹という〔、かの霊夢に比べれば〕さほど常軌を逸していないイメージのうちにも認められる。つまり、〔諸学問の基礎固めの役割を果たす〕形而上学という根を下ろし、自然学を幹とし、〔その応用として、人々の実生活の改善に資する〕医学、機械論[22]、そして完全な道徳[23]という異なった枝にわかれる樹である。この新哲学は一言で纏めるなら、三段論法と

---

(21) AT X, 179.〔帝政ローマ末期の詩人アウソニウスの句で、『思索私記』に書きつけられた（㊁第四巻四三九頁）。〕

(22) 〔訳注〕原文で用いられている mécanique というフランス語は、現代の学問観からすれば「力学」と訳される。物体の運動と釣りあいを扱う科学のことを意味し、動力学（dynamique）と静力学（statique）を構成要素とする。しかし、十七世紀の学問観からすれば、機械論と訳すのが妥当である。『アカデミー・フランセーズのフランス語辞典』初版（一六九四年）では、「機械を対象とする数学の部門」と定義されているとおりである。なお、第二版（一七一八年）と第三版（一七四〇年）では、「動力を対象とする数学の部門」と定義が変わり、第四版（一七六二年）になって「運動の法則、釣りあいの法則、動力などを対象とする数学の部→

いう馬鹿げた[24]論理学から出発する旧態依然の哲学ではなく、単純で容易な演繹という手法に訴えかけるものである。どれほど疑っても決して揺るがない〔命題や判断などの〕論理的必然性に辿り着くためには、形而上学的な観点からの基礎固めが必要である。なるほど神の存在を否定する知識人は、何も確実に認識することができない。なぜならそのような者は、真理に到達するうえで不可欠な、知性という自分の能力について根本的なところで確信を欠いているから。もし数学が或る一揃いの方法の土台としての役目を果たしうるとしても、数学は、神――事物、真理、そして人間知性の創造者――に関する形而上学的な認識によってその有効性が保証されないかぎり、学問の地位を要求することはできない。だからこそ、デカルトがまず学問の地位に押し上げようとするのは、形而上学なのである。つまり形而上学全体を、無限なもの[25]の観念――神の本質に関する明晰で判明な描出と言っても構わない――を基軸に編成するのだ。だからといって、デカルト哲学のなかでも〔日常生活のさまざまな〕実践の在り方に関心が寄せられる部分に――そこでは事物の真理というよりは、情念の過度な動きまでを含めた〔人間の〕生というものの趣《おもむき》に照準が当てられる――覆いが被《かぶ》されるわけではない。デカルトは述べる、「情念を待たずに済ませるべきだとする意見には賛成しません。情念を理性に従わせるだけで十分です。このように情念を御する時、それは過度に傾けばそれだけいっそう有益なものになることがしばしば起こります[26]」。哲学は、〔方法的懐疑を駆使した心身の事象的な区別、つまり事物それ自体の在り方すなわち象《かたど》りに従った区別のもとで発見される〕コギト〔つまり「私は思う」という最も確実なもの〕の肯定に終始するわけではなく、血と肉からできた〔、つまり心身分離体ではなく心身合一体としての〕具体的な人間の生にまで拡大していく。しかも各人の身体が健康であることが、精神《モラル》の安定にとっては決定的である。というのも、人は胸焼けがす

→門」という現代的な定義が見られるようになる。

(23)〔訳注〕正確にデカルトから引用するなら「最も高く最も完全な道徳」として構想されたものは、「機械論」や「医学」などの「諸々の学問の全知識」とは区別されるが、しかしそれらを前提とする「最後」の、かつ「最高位」の「知恵の段階」である。このような道徳をデカルトが実際に考案しえたかどうかは、研究者のあいだで議論が分かれる。研究者のなかには、このような道徳の一端は一六四五年八月四日付エリザベト宛書簡のうちに窺《うかが》い知ることができると主張する者もいる。なぜならデカルトは、「私が『方法序説』のなかに入れた道徳の三規則に関する三つの事柄を守りさえすれば、他に俟《ま》つことなく自分自身によって自らを満足したものにできる」と述べているから。この場合、『方法序説』第三部における「準備としての道徳(morale par provision)」は、デカルト自身は一度もそのように形容したことはないが、「最も高く最も完全な道徳」との対比で「不完全な」道徳と見なされることになる。

(24)〔訳注〕三段論法は、前提が誤っていても論理的には正しい結論を導けたり、前提からは導けない結論を無理に導く飛躍を犯してしまったりする危険がつねにあるから。

(25)〔訳注〕本書で全般的に考究される「無限」は、あらゆる完全性が可能的にではなく現実的に実現されているかぎりでの「現実無限」を意味し、人間に認められるような、完全性がだんだんと実現されていくかぎりでの「継起的無限」を意味していない。

(26)一六四五年九月一日付エリザベト宛書簡(AT IV, 287)〔知第六巻三二九頁〕。

れば自分のことを自由だとは感じられないから。そういうわけで、哲学者は人間世界についてただあれこれ考察するだけなのに対して、医師ならこの世界を実際に改善してみせるだろう。「人間を一様にこれまでより賢くて能力の高いものにする手だてを何か見つけることが可能だとすれば、医学のなかにこそ探し求めなければならないと私は信じる」[27]と述べられているとおりだ。

デカルトの死は、その生涯に比べればいっそう小説のようで、俄《にわ》かには信じ難いものがある。それどころか、現実離れしたところさえある。彼は〔プロテスタントのなかでも〕ルター派の土地で最期を迎え――デカルト哲学がスウェーデン女王クリスティナのカトリック改宗の障害になっているとその側近には映ったためか、デカルトはヒ素をもられたと言われている――、自国の宗教を信奉しない人々、ペストを罹患《りかん》した人々、そして洗礼を授けられる前に死んだ子供らと一緒に、葬式もなく埋葬された。フランス側はその亡骸の譲渡を一六六七年に要求したが、頭がい骨は蒐集品《コレクション》のようにして人々の手に渡り、最終的にオークションに売り出された。それがフランス側に贈与されたのは、一八二一年のこと、スウェーデンの或る化学者によってであった。それは、フランスの偉人というよりも〔居住先としてデカルト本人が選びとった〕オランダの偉人であった男の、偉人廟《びょう》パンテオンにおける、あるいはフランス革命期に美術館に衣替えしたプチ＝ゾーギュスタン修道院[28]における国葬の始まりだったのか。デカルトの亡骸は、棺《ひつぎ》が腐敗したため、いずれルーヴル美術館にでも移管すべき〔ほどの価値がある〕ロマネスク様式の石棺のなかに納められた。いやむしろデカルトの遺体は、その故郷であるトゥーレーヌ地方に移送すべきではないか。あるいは〔パリ市北東、多くの著名人が眠る〕ペール＝ラシェーズ墓地に埋葬すべきか。しかしデカルトの母国フランスは、その必要をまったく感じていない。結局デカルトの亡骸を受け容れたのは、サン＝ジェルマン＝デ＝プレ教会――ただし当時は他の用途に供されていた――であった。今日、現地で暮らす人々はおろか観光客ですら、デカルトの亡骸のあるところに出向こうなどとは考えない。なお、デカルトの頭がい骨にまつわる意外な出来事は、それで終わったわけではない。一時期、〔パリのシャイヨ宮に入っている〕人類博物館に、ネアンデルタール人の頭がい骨と〔パリに出没した盗賊の首領で、車弾きの刑に処された〕悪党カルトゥッシュのそれのあいだに挟まれて展示されていたから[29]だ。そして今日〔その複製品〕は、トゥーレーヌ地方にある、本当に小さなデカルト博物館[30]に置かれている。[31]

---

(27)『方法序説』(AT VI, 62)〔白第一巻六三頁〕。

(28)〔訳注〕フランス革命期の美術品破壊《ヴァンダリズム》から国家的文化遺産としての美術作品を保護するために、一七九一年にフランス記念物美術館(Le Musée des monuments français)が修道院の敷地に設立され、九五年に一般公開が始まった。アレクサンドル・ルノワール(Alexandre Lenoir)によって、フランス中世彫刻のまとまった蒐集と展示が初めて試みられた美術館として知られている。

(29)〔訳注〕このような展示は、骨相学的な関心からのものだろう。骨相学とは、大脳の各部はそれぞれ特定の機能を果たしており、大脳の外表面は頭がい骨が忠実に表しているから、頭がい骨の外形を見れば各人の才能や気質を推定することができると主張するもの。

(30)〔訳注〕二〇一八年二月現在、一五年に改修工事を終えた人類博物館に、しかし以前とは異なる配置で、ヒト科であるチンパンジーの骨格標本と、やはりヒト科であるオランウータンの石膏像のあいだに展示されている。なお、このデカルト博物館はデカルトの生家を改装したもので、現デカルト市(旧ラ・エー市)の、その名もデカルト通りに面して見学者を迎えている。このデカルト市には、彼が洗礼を受けたサン゠ジョルジュ教会と、母の亡骸が葬られているノートル゠ダム教会もある。

(31)〔デカルトの生涯については〕ロディス゠レヴィス〔Rodis-Lewis〕『デカルト伝〔*Descartes*〕』(パリ、カルマン゠レヴィ、一九九五年〔飯塚勝久訳、未來社、一九九八年〕)、ならびにS・ガウクロジャー〔**Gaukroger**〕『デカルト——その知的遍歴〔***Descartes. An Intellectual Biography***〕』(オックスフォード、クラレンドン・プレス、一九九七年)を参照のこと。

第一章　人はいかにしてデカルト派になるのか

デカルトの哲学は、「手が込んでいて人を惹きつけるところがあり、しかも独創的です。新哲学と呼ばれていますが、お聞きおよびでしょうか[1]」。新しいと言われるのは、哲学の敵手は無知ではなく〔常識や偏見を疑わない〕自分自身であるように、彼の哲学には思考上のさまざまな古い習慣に立ち向かおうとするところがあるからである。そしてそれ以外ではありえない。しかし、先入観でしかないものや学校で常識として受け容れられてきた考え以上に真理に似つかわしいものはないように思われている。だからこそ、哲学における明証的なものは、出発点ではなく、〔そこに向けて前進すべき〕終着点〔つまり目標〕なのである。このことが意味するのは、哲学ではまず、私たちがこれまで知識だと見なしてきたものの根底にある諸原理を問題視すべきだということ、そして問題視するというのだから、このような取

（1）　ジャン・ド・ラ・フォンテーヌ「ラ・サブリエール夫人への言葉〔Discours à Madame de La Sablière〕」、『寓話〔*Fables*〕』所収〔市原豊太訳、白水社、一九五九年、二二〇頁〕。

り組みはネガティブなものだということである。こうして、「私が信じこんできた意見」は検《あらた》められなければならないというソクラテス的な方法論が再び重みを増す。デカルトは述べる――それは「後になって、他にもっとすぐれた意見があれば改めてそれを取り入れ、あるいは前と同じ意見でも、理性をものさしにして調整を加えたうえでまた取り入れるためである。そして私は、こういう手だてによるなら、古い土台のうえだけに建てて、若い頃に、一度も本当かどうかを検討しないで、うっかり信じこまされてしまったさまざまな原理だけによりかかった場合よりも、はるかにうまく私の人生を導いていくのに成功するだろうと強く信じた」(2)デカルトが問題視する諸原理のなかでも最初に槍玉に挙げられるのは、「そもそも感覚のうちになかったものは知性のうちにない」(3)というものである。彼の異議申し立ては、神と魂に、言い換えるなら形而上学そのものにこの原理は適用されない、というところにある。(4)そうすると、神と魂という二つの観念が〔感覚経験からではなく〕実際に何に由因するのか、それに答えることが課題となる。そしてそれは論理的に言って、観念によって表示されている当の対象すなわち神と魂そのもの以外にはありえない。こうして形而上学を展開するには、精神を感覚から切り離す懐疑ないし省察的熟考(5)というタイプの修練を行うしかないことが分かる。「私はこの数日、精神を感覚から引き

(2)〔訳注〕『方法序説』第二部(㊀第一巻二二頁)。
(3)〔訳注〕伝統的なアリストテレス＝トマス風の経験論によれば、人間知性の第一の対象は質料的(物体的)

な事物《もの》の本質であることを示す文言。デカルトはこれとは反対に、精神のほうが物体（身体）よりも先に、よりよく知られるということを定立し、このような経験論を排除する。図式的に言い換えるなら、人間の思考作用は、さまざまな感覚や想像力などの身体作用とは独立に働きうるということである。

（4）『方法序説』（AT VI, 37）〔㈠第一巻四三頁〕。

（5）〔訳注〕原語であるフランス語の méditation は、神学では黙想と訳されるのが慣例であるが、これを哲学の文脈において自覚的に初めて用いたデカルトの主著の邦題『神の存在と、人間の魂の身体からの区別とが論証される、第一哲学についてのルネ・デカルトの省察（*Meditationes*）』（一六四一年）との連関を見えやすくするために、それ自体は仏教用語である省察をあてつつ、以下では基本的に省察的熟考と訳出する。十七世紀と十八世紀に編纂されたフランス語辞書（アントワーヌ・フュルチエールの『普遍的辞典』、アカデミー・フランセーズの『辞典』、トレヴーの『フランス・ラテン語万有辞典』）を参照するなら、この言葉には三つの主要な意味のあることが判明するからである。第一の意味は、一般的かつ日常的なものであり、それ以外の二つの意味は、個別的かつ専門的なものであり、それぞれ宗教用語と哲学用語に相当する。

第一の意味は、精神が自己に対して考察対象を現前させ、かつ、この対象の考察に精励恪勤することである。この点で méditation は contemplation（観想）から区別される。前者には精神の注意深さが要求されるが、後者の場合、精神は夢幻状態に置かれたり、無作為に或る思考から別の思考へと移動したりする。

また méditation は、三つの特徴によって他の精神作用から区別される。第一に、それは精神の一貫して持続する注意作用を前提にするため、一時的ではなく継続的である。第二に、或る一つの考察だけからなるのではなく、幾つかの考察からなる。つまり、考察対象に幾度となく立ち返り、また、さまざまな観点からの検討がなされる。第三に、méditation に取り組む精神は、その考察対象と特別な関係を取り結ぶ。つまり、対象を漠然と考察するのではなく、その前に立ち止まり、その内に分け入り、そして深く掘り下げるとい↓

離すことにすこぶる慣れ、そして物体的事物について確実さをもって知得されるもの[6]はごくわずかであるが、人間的精神についてははるかに多くのことが認識され、神についてはそれ以上になおいっそう多くのことが認識される、ということに、かくも事細かに気づくに至った[7]」。認識の正しさは私たちの省察する能力次第であり、これまでの思い込みを捨て去ることが徹底していればそれだけいっそう私たちの認識は確実なものとなる。なぜなら疑うとは、「その存在が確かであるようないかなる物体的事物もないということを示し[8]」、このことをもって感覚の世界とは根本的に異質な知性の世界を露わにすることだからである。

↓うことがなされる。そのかぎりでこのフランス語は「熟考」と訳されてもよい。
それに対して特殊な意味における méditation は、まず宗教的修練を指す。つまり、精神が（本書に関するかぎりでは）キリスト教における秘義を考察することである。したがって宗教的な méditation と一般的な意味におけるそれは、その対象、目的（人間の救済）、さらに形式（修道制）によって区別される。以上の特徴より、宗教的な méditation は、祈禱という形式に帰着する。さらに méditation が純粋な幻視である contemplation から区別されるのは、前者が推論という理性的かつ言語的な精神作用に基づいて、つまり、或る前提から始め、順序と段階を踏まえて或る結論に至る、というふうに進められるからである。翻って contemplation は、神のうちに諸事物を直接的かつ無媒介的に認識することを意味する。したがって méditation は、なるほど宗教的実践のなかでも必要不可欠だが、下等な形式を備えたものとして見なされる。

一般的な意味の méditation から第二に派生してくるのは、デカルトに代表されるような哲学的修練である。méditation が哲学的と見なされるのは、その対象が形而上学に関連するからであり、形式的な観点から言えば、これを一般的な意味における méditation から区別するものはない。しかし哲学的な méditation は、精神の注意深い行為だけを指すのではなく、その足跡が書き留められ公刊された時の結果（たとえばデカルトの主著『省察』）のことも意味している。つまり méditation は、私的で孤独なもの、ひたすら個人的なもの、（神以外の）証人を欠いたものではもはやなく、公的なもの、誰かと共有可能なもの、そして誰かによって再現可能なもの（デカルトの読者は彼の行った méditation を自分のこととして実践できる）となった。以上の整理については、ポール・ラトー「近世ヨーロッパにおける省察という修練――宗教的な修練から、デカルト、マルブランシュ、ライプニッツにおける哲学的な修練へ」（津崎良典訳、筑波大学大学院人文社会科学研究科哲学・思想専攻『哲学・思想論集』第四一号所収、二〇一六年）に学んだ。

（6）〔訳注〕本書においてとりわけその必要がある場合は、フランス語の動詞 percevoir ならびにそれに対応するラテン語の *percipere* に「知得する」という日本語を訳語として採る。その字義は「摑み取ることで、摑み取られたそのものを我が物とする」ことである。デカルトは、この語を広く「認識」と相覆うかのように使用し、かつ「知的なしかたで獲得する」ないし「知的なしかたで把握する」といったほどの意味を込めている。

（7）『省察』（AT IX-A, 42）〔白第二巻七二頁〕。

（8）一六三七年三月のシヨン（?・）宛書簡（AT I, 353）〔知第一巻三四六頁〕。

I　穴倉の比喩

スコラ哲学者[9]たちは、感覚へのほとんど感情的と言っても構わない執着から出発して、〔「そもそも感覚のうちになかったものは知性のうちにない」という原理に依拠して〕それを認識作用全般の基礎に据えた。「そうした連中の哲学のやり方は、ごく凡庸な精神しか持たない人たちにとっては、たいへん手ごろだ。というのも、自分たちが使う区別や原理があいまいなばかりに、どんな事柄についてもまるで知ってでもいるように大胆に話せるから〔……〕」。この点では盲人にそっくりだと私には思われる。盲人は、目の見える人と対等に闘うために、どこかのまっくらな穴倉の奥に相手を連れ込もうとするだろう[10]」。プラトンの使う洞窟という比喩の代わりに穴倉という比喩が使われているが、その狙いは同じである。つまり、感覚的事物への従属から精神を解放することである。というのも、「私たちはみんな大人になる前は子供だった」からで、私たちの判断は、生まれた瞬間から理性だけを用い〔感覚に従うことはなかっ〕たと仮定される場合ほどに「純粋でも堅固でも[11]」ないから。つまり人は、デカルト派として生まれるのではなく、デカルト派になるのだ。また『方法序説』によれば、さまざまな事物《もの》の本当の価値が測られるのは、文化教養全般を吟味することによってである。こうしてデカルトは、〔とりわけ〕哲学、神学、そして数学の駄目なところを正そうとする。つまり、一見すると明証的だが実際はそうとは言えないものが原理の地位にまで押し上げられてしまうことだが、とりわけ哲学では思考の代役を、単なる物知りが演じるということが生ずる。しかも物知りであることと、感嘆という情念が結びついてしまう。つまり人は、真理への愛から哲学をするのではなく、〔自分の博識に〕注目してもらいたいという欲望から哲学をしてしまうのだ。神学のほうはどうか。その駄目なところは、救済は知性の出来次第だとでも言うかのような行き過ぎた知性主義に由来する。しかもこのような知性主義は、〔全能の〕神を〔有限な能力の持ち主でしかない〕人間の〔理解し、また行使しうるかぎりでの〕論理学に従属させ、〔あろうことか人間の分際で〕神の力能について考察し、また、これに制限を設け、さらに〔神の創造行為の結果としての〕この世界を統べる秩序から出発して〔創造主である〕神の諸属性の秩序を目指して上昇することができる、などというめちゃくちゃな主張に行き着く。デカルトはそれとは反対に、神の力能の無限性《アンフィニテ》を肯定する。それゆえ神の力能は、人間の論理学を支配する諸原理——とりわけ無矛盾律(12)という——に束縛されるこ

(9)〔訳注〕ラテン語のスコラ(*schola*)は学校を意味する。スコラ学とは、とりわけ中世から近世の大学や修道院において取り組まれた学者的学問のこと。或る問題について既存の諸見解を賛成と反対の立場に分類し、それらを対照させながら、真理を発見していく弁証法的手法を重んじた。
(10)〔訳注〕『方法序説』第六部(白第一巻七〇頁)。
(11) 以上、『方法序説』第二部〔白第一巻二二頁〕。
(12)〔訳注〕論理学の規則であり、アリストテレスによれば「或る事物《もの》について同じ観点でかつ同時に、それ→

とがない。〔その代わり〕神が自然界に介入することもなく、私たちは自分の能力によって、自然を余すところなく認識することができる――無限なものについてはそうはいかないが。いずれにせよ、私たちはこうして自分を「あたかも自然の主人で所有者のように[13]」することができる。しかし〔デカルトが槍玉に挙げる〕神学者たちは、神に関する認識の基礎固めを神が無限であることのうちに求めないため、逆説的なことに、神の本性についても完全性についてもその働きについても何も確実なことを述べはしない[14]。こうして神学は、神の全能のために人間の学問は瓦解してしまうのではないかという不安を、つまり、たとえ私は自分が真実のうちにあると思っている時ですら間違うように神はなしうるのではないか、いや、そのようなことは神の善性に反するのではないか、いったい誰がその通りだと私に保証してくれるのかという不安を抱く人に応答できなくなる。しかし数学だけは、「その論拠の確実さと明白さのおかげで[15]」、このような学問全体に通ずる問題提起とは関係がないかのように思われる。とはいえ人は、その実践的な帰結（地図作成、要塞術、土地測量、海洋測量など）に関心を示すばかりで、そのうちに方法を見出そうとはせず、そのことはやはり嘆かわしい。

懐疑は、誇張されたものでなければ意味がない。つまり、せいぜい真実らしいとしか言えないものをはっきりと真実でないと見なす時、それは効果を発揮する。こうして、真偽を区別するための特徴は真なるもののうちに含まれていることが明らかにされる。両者をともに識別不可能なままに放置しておかないのである。その反対に蓋然《がいぜん》的というのは、真か偽かの白黒がはっきりしないということである[16]。それにしても、私に最も直接的に立ち現れてくる現実を、しかも肉と骨からなる存在としてそこに座っている自分に振り向くかぎりで確かめられる現実感を疑うというのは、狂気の沙汰だろう(17)。なるほど哲学者デカルトは実際に気が触れているわけではない。彼も他の人間と同じである。そしてそのかぎりにおいて、狂っていないとしても夢は見るかもしれない。なるほど、『省察』という本を書いているあいだは目覚めている、と自分に言い聞かせることはできるだろう。それでも「着物を脱いで床のなかに臥《ふせ》っている」〔時は、夢を見ているかもしれない……〕。しかし、このような〔「自分は書物を書いている」といった〕

↓を肯定しつつ否定することはできない」こと。

(13)『方法序説』（AT VI, 62）〔白第一巻六二頁〕。

(14)「第一省察」に出てくる全能にして善なる神というのは、「古くからの意見〔*vetus opinio*〕」によるものであり、生得的な観念として知られるそれではない。

(15)『方法序説』（AT VI, 7）〔白第一巻一七頁〕。

(16) モンテーニュ『エセー』第一巻第九章。おそらくここには、〔カトリックの修道会〕イエズス会が運営する学院で教授されていたキケロの『アカデミカ前書』の影響も読み取らなければならないだろう。

(17) ここでの狂気に関する記述は、デカルト自身がAT版第五巻三一九頁で言及しているトーマス・バルトリン〔十七世紀デンマークの解剖学者〕によるものである。この点を教示してくださったE・スクリバノ〔Scribano〕女史に感謝する。狂気については、J＝M・ベサード〔Beyssade〕の『デカルト、秩序に沿って〔*Descartes au fil de l'ordre*〕』（パリ、フランス大学出版局、二〇〇一年、一二三－四八頁）を参照のこと。

実感だけでは、現実に関する真理を保証するには不十分だ。なぜなら、私たちが現実と受け止めているものは虚構かもしれないというのは、十二分にありうることだから。このような議論は、虚飾を重んずるバロック的な美意識に通ずるものがある。それは、デカルトが知らなかったはずのないコルネイユの『嘘つき男』(18)のうちに典型的なしかたで描き出されているものだ。私たちの時代に近いところで言えば、ウォシャウスキー兄弟〔現在は性別適合手術を経て姉妹〕の映画『マトリックス』〔一九九九年〕だろうか。実際にこの映画では、現実は精神の産物かもしれない、というデカルト的な仮構が描き出されている。しかし、夢を見ていようが目覚めていようが、自分の見ているとおりに世界は存在しようがしまいが、色と形、拡《ひろ》がり、量、大きさ、数、時間と場所など、数学を構成する一般的なカテゴリーが真実であることには変わりない。なぜならこれらのカテゴリーは、純粋に量的なものであり、世界について私の感覚を通じて得られる知覚からは独立したものでもあるから。あらゆる夢のなかで――たとえ突拍子のないものでも――、あらゆる作り事のなかで――たとえ型破りなものでも――、これら〔数学を構成する〕始原的な諸概念は担ぎ出され〔実際に使われ〕るのである。どれほど独創的な画家でも色なしには何もできないのと同じように。

数学で使われるのは、私たちの推論する能力だけである。しかも、二に三を加えれば五になるという命題などがそうであるように、それを否定すれば矛盾が生ずるものをわざわざ間違いと見なすのは、狂気の沙汰ではないにしても常軌を逸しているだろう。このような〔二たす三は五であるといった数学的〕真理を疑うことは、無矛盾律の破棄に帰着してしまう。しかしこの無矛盾律こそが、すべての真なる命題の根本にあり、かつ、私たちの理性すらも支配しているのである。とはいえ、数学がもたらすこのような確信に対して、「すべては相対的である」という議論をぶつけることはできるかもしれない。つまり、私にとって真実であるものが絶対的にそうであることの保証として、私にはいったい何があるのか、と問うのである。[19] たしかに、単純な算術上の操作がもたらす確実さという思いだけでは、この操作の真実さを保証するのは難しい。そうすると、懐疑は自分に跳ね返ってくる。外的感覚を通じて知られる事物を疑っていた私は、今度は自分自身について、つまり推論する自分の能力について疑わざるをえなくなる。これこそが、「なんでもできてしまう神」、つまり、真理を抱き留められないものとして私を創造しえた神の劇的な意味であり、その全能によって相対主義の議論は正当化されるし、現実化される。デカルトがきわめて革新的なのは、この仮設的な見解のためであり、彼以前の懐疑論者のさまざまな議論

(18) この作品は一六四二年に作られ、時間をおかずにオランダでも知られるようになった。デカルトの文通相手であったホイヘンスは、コルネイユとも文通をしていた。コルネイユは、ホイヘンスに『アラゴンのドン・サンシュ〔*Don Sanche d'Aragon*〕』を献呈している。

(19) この点については、E・スクリバノ『デカルト『形而上学的省察』読解入門〔*Guida alla lettura delle* Meditazioni metafisiche *di Descartes*〕』(バーリ／ローマ、ラテルツァ、二〇一〇年、三〇頁)を参照のこと。

は、〔これと比較すれば〕最終的には陳腐なものになってしまう。あらゆることに揺さぶりをかけるのに、感覚器官は〔小さすぎるものや遠すぎるものなどに関して私たちを欺く〕錯覚を生む、といった議論では不十分なのである。私はもはや、自分がかつて確実だと思っていたものを検討するだけでは満足しない。この検討そのものの適切さすらも自問する。もし私が本性上そもそも真理を抱き留めることができないものとしてあるなら、かの検討は実際のところになんの役に立つのか、と自問するのだ。そうすると私は、自分の内面へと立ち返らなければならなくなる。つまり、自分に与えられた能力、いやむしろ無力に向かって、ということは、〔無力な〕私自身〔に反して、そうではない、私〕の起源〔つまり神〕に関する問いへと立ち返らなければならないのだ。そこでデカルトは、神のうちに備わっている絶対的な力能に関する神学上のさまざまな議論を参照する。それによれば〔人間の〕理性は、神の力能が絶対的であるために、実在的なものとの関係を断ち切られ、存在していないものについて〔本当のところ正確とは言えない〕知識を与えられてしまう。こうして私の精神は、計測器としては不正確なのにあらゆる事物について計測結果を提示するようになってしまう。さらに、どれほど確実なものに映ろうと、私の精神は数学的真理について〔も確実な知識ではなく〕単なる思い込みしか持てなくなる。「この神は、大地も、天空も、拡がる事物も、形も、大きさも、場所も、まったく何一つとして〔存在し〕ないように、それでいて、私はそれらすべての事物について感覚し、しかも、それらすべては私にそう見えているのと違わずに存在していると私には思われるようにしたかもしれないではないか。それどころかまた〔……〕、この私が、二に三を加えたり、四角形の辺を数えたり、他にもっと容易なことについて判断をしたりするそのたびに、誤るというふうにさえしたかもしれないではないか[20]」と述べられているとおりである。

このように理性が〔自分の能力を発揮できずに〕遭難してしまうことについて、デカルトのおそらく最も鋭い注釈家のひとりであるフェヌロン[21]は、次のように分析している。「したがってもし自然のうちに私たちの観念に対応する真なるものも実在的なものもいっさいないとしたら、私たちの知性そのものにも、つまり、私たちの存在にも、実在的なところは何もないということになっただろう。私たちが自分たちの外にも内にも真実らしいものは何も認識しないように、自分自身もなんら真実らしいものとしては存在しなかっただろう。要するに、懐疑に囚われた虚無になってしまっただろう〔……〕。なん

(20)『省察』(AT IX-A, 16)〔㊁第二巻三三頁〕。

(21)〔訳注〕一六五一年生。フランスの聖職者、思想家、文学者。パリのサン・シュルピス神学校で学んだのち、神学博士号を取得(七七年)、女子修道院「新カトリック」の院長に就任してからは、旧教徒に改宗した富裕層出身の女子教導に積極的に関与。八九年には、ルイ十四世の孫ブルゴーニュ公ルイの師傅に任命、教材として『テレマックの冒険』(九九年)を執筆。ホメロスの『オデュッセイア』に着想を得た教訓物語だが、ルイ十四世の政治批判と見られ、キエティスムと呼ばれるその神秘主義的宗教的立場とともに、失脚の原因となった。当時としては斬新な『女子教育論』(八七年)の著者としても知られる(志村鏡一郎訳、『世界教育学全集』第一一巻所収、明治図書出版、一九六〇年)。一七一五年歿。

と奇妙な虚無であることか！　高等な精神が欺くのが、まさしくこの怪物染みた虚無だとは[22]」。ここでは、デカルトの著作〔である『省察』など〕のように「欺く神」のことが問題になっているというよりは、むしろ全能で善良な神のほうが問題になっている。そしてまさしく、これら「全能」と「善良」という属性について、その相互関係はどうなっているか、また、単独で取り上げてみた時、それはいったい何か、これらのことが明晰に認識されていないからこそ、〔人間精神に備わっている〕知性の価値、ならびに人間本性の完全性あるいは不完全性について決定的なことが主張できない。神について確実に認識されないかぎり、これらの問いの答えを探し求めることはできないのだ。そして神の認識は、この段階ではいまだ到来すべきものに留まっており、私たちが掌握しているのは、明証性の次元に位置づけられておらず、人から伝え聞いたものであったり、学校で教え込まれた知見であったりする。それでも懐疑をここで終了しようと思えば、できないこともない。こうしてデカルトの哲学について、神の全能ならびに人間理性の無力に関する確認をもって仕上げとするのもありだろう。それはまさしく、デカルトの根っからの敵対者であったユエがやろうとしたことである。彼曰く、「〔……〕私たちは自分が往々にして過ちを犯すことは分かっているのだから、もし敬虔な感情を幾らかでも持ち合わせているなら、自分の弱さを認めながら、自分のことを警戒しなければならないし、また、自分がどれほど神より劣っているかを認めなければならない。神とは、つねに完全に真なるものだからである[23]」。しかし、このように懐疑は人間の堕落ならびに理性の生来的な弱さを示すものであるというのは、デカルトが検討すらしなかった着眼点なのである。

II　方法の幾つかの規則

デカルト的方法などと言われるが、それほど大したことでもないのに、いろいろ語られすぎているように思われる。三つか四つの準則《じゅんそく》しかなく、しかも『方法序説』の正式な題目が述べているように、よく考えるには方法に従って考えるべきだということを強調したにすぎないとも言える準則をめぐって、喧《かまびす》しい議論がなされている。実際に、正式な題目は「自分の理性を正しく導き、いろいろな学問において真理を求める」となっている。そしてそのための方法は、これが哲学的に説明されている箇所〔つ

（22）『神の存在証明〔*Démonstration de l'existence de Dieu*〕』（〔J・ル・ブラン編、プレイヤッド版〕『著作集〔*Œuvres*〕』第一巻、パリ、ガリマール、一九九七年、六〇四頁）。

（23）ピエール゠シルヴァン・レジス〔Pierre-Sylvain Régis〕の『ピエール゠ダニエル・ユエ氏の『デカルト哲学批判』という表題の書物への応答〔*Réponse au livre qui a pour titre P. Danielis Huetii, ... Censura philosophiæ Cartesianæ*〕』（パリ、J・キュソン〔Cusson〕、一六九一年、五七頁）のなかで引用されている。

まり『方法序説』第二部〕よりも、そのおかげで実現可能になる事柄のうちに存在していると言える。つまり、算術、自然学〔物理学〕、そして幾何学の諸問題の解決のうちにである。したがって方法は、『方法序説』前半よりも、その付き物として、方法を試行してみる『三試論』（『屈折光学』、『気象学』そして『幾何学』という論文）のうちにこそ探し求めなければならない。「私は一般的な方法を提案していますが、実際のところ方法を教えるわけではありません。ただ、〔……〕後続の三論文によって、方法の証拠を与えようとするのみです。〔……〕まったく別の主題をもそれによって同様に説明することができる一揃いの方法を私が用いている、と判断する機会がそこから与えられるだろうと思います[24]」。方法は、思考にその外側から課される論理学の謂《いい》ではなく、明晰《クレール》かつ判明という基準を満たした思考の動きを記述するものである。明晰は、その類義語である明証《エヴィダン》とは異なり、精神の注意を前提にしている。その一方で、判明な観念とは、「きわめて鮮明にして、他のすべてのものとはきわめて異なるがゆえに、それを然るべきしかたで考察している者に明らかに映るもの〔つまり明晰であるもの〕以外の何ものもそのうちに含まない[25]」。これこそ、その〔説明の〕簡潔さのために私たちの期待を裏切るという、デカルト哲学の孕《はら》む逆説である。「私の意見は一般の意見とかなり異なっておりますため、当初は人を驚かせるものなのですが、しかしながらそれらがいったん了解された後には、それらはきわめて単純で常識に合致していることが分かり、人はそれらを称賛することを完全にやめてしまうほどです[26]」。方法は最終的には一つのことしか要求しない。つまり、明晰かつ判明〔な認識が確保されている〕という制約のもとでしか判断を下してはならない、ということである。私たちが偽りを真と取り違えないですむのは、また、感覚的所与を諸事物の実際の在り方であるかのように〔、つまり、たとえば指先に感じる熱さを蠟燭そのものの性質であるかのように〕取り違えないですむのは、ただこの制約のもとだけである。「〔私の考えでは、〕方法とは次のような確実で容易な諸規則のことを言う。すなわち、それらの規則を厳密に守った人は誰でも、決して偽りを真と思い誤ることはなく、また精神の努力を無意味に浪費せずに、つねに一歩ずつ知識を増しながら、私たちに認識可能なすべての事物《もの》の真なる認識に到達するような規則である」(27)。このような真なる認識〔の可能性〕は、判断力の育成次第である。そしてこの育成には、時間をかけて、しかも負荷をかけて取り組まなければならない。さらに、速断と偏見も避けなければならない。要するに〔認識主体が自己に課す〕省察的熟考〔という鍛錬〕を積むのである。このように見てくると、次のことは〔デカルトがここで論じていることと無関係ではないだけに〕意表を突くかもしれない。というのも今日《こんにち》の認知科学によれば、知性は認識上のブレーキ役として、つまり〔条件反射のように〕自然になされ

(24) 一六三七年四月二十七日付〔最新の研究成果では五月〕某〔おそらくセギエ大法官の側近であった神父スリジー〕氏宛書簡（AT I, 370）〔知第一巻三六五頁〕。
(25) 『哲学原理』第一部第四五項〔白第三巻五七頁〕。
(26) 一六四九年三月三十一日付シャニュ宛書簡（AT V, 327）〔知第八巻一六九頁〕。
(27) 『精神指導の規則』第四規則（AT X, 372）〔白第四巻二四頁〕。

てしまう応答よりもはるかに厳密な応答をすべく、この〔条件反射的な〕応答に同意するのを拒む自己吟味のプロセスのこととして規定されるから。いずれにせよ、すでに知られていることを、三段論法の論理学あるいはむしろアリストテレスの二五六個にも及ぶ三段論法がそうするように形式化することはもはや目指されない。「きわめて単純で容易な論拠の長い鎖[28]」を編みながら演繹によって前進していくことが目指される。だから四つの規則だけで十分である。最初の二つは、分析という操作に関する。つまり、もはや疑う理由がないような地点まで懐疑を押し進め、蓋然的でしかない命題を打ち捨てることである。第三と第四の規則は、総合という操作に関するもので、それは、最も単純なものから最も複雑なものへと、順序に従って思考することと同じである[29]。自然のうちに存在している実際の順序が発見されるのは、十中八九、〔私たち人間による〕仮設の順序を〔自然のほうに〕押し付けてからのことである。このように、方法に則《のっと》った思考というのは、根拠にまで立ち戻ってそこから学問を打ち立てていくことを要請するが、それは〔デカルトに言わせれば〕ガリレオ〔・ガリレイ〕が行わなかったことである[30]。しかもここに認められるのは、「デカルトの剃刀《かみそり》[31]」のようなもの、つまりドゥンス・スコトゥス[32]〔一三〇八年に歿した神学者。アリストテレス哲学に詳しく、緻密な思考を重ねたことから「精妙博士」と呼ばれたフランシスコ会修道士〕から引き継がれた、推論と命題の積み重ねを避けるという決意、一般的に言うなら、直観を繋《つな》いでいくだけの演繹で満足し、他は切り落とそうとする決意である。そしておそらくこれが、一六二八年から翌年にかけて『精神指導の規則』の執筆をデカルトが断念した理由だろう。それは、（二一個以上の規則を数える）あまりにも長大な書物〔になる予定〕であり、いまだ「スコラ的な」ところを脱していなかったからである。

デカルトの方法が有する強みは以上のことに存するし、その限界についてもまた同様である。彼は述べる、「方法はこれらの［直観と演繹という］操作そのものがどのようになされるべきかを教えるところまで拡張されはしない。なぜなら、もしも私たちの知性が予めそれらを用いることができなかったとすれば、知性は、それがいかに容易な規則だとしても、方法そのもののどのような規則をも把握しはしなかっただろうというほどに、これらの操作はあらゆるもののなかで最も単純かつ最初のものだからで

---

(28)『方法序説』(AT VI, 19)〔白第一巻二六頁〕。

(29) 一六三二年五月十日付メルセンヌ宛書簡 (AT I, 249-250)。

(30) 一六三八年十月十一日付メルセンヌ宛書簡 (AT V, 115)。

(31)〔訳注〕哲学史における通称「オッカムの剃刀」にかけたもの。或る事柄を説明するために必要以上に多くを仮定するべきでないという指針は、中世後期唯名論を代表するオッカムが多用したと考えられるため、彼の名前を借りつつ、不必要なものを切り落とす剃刀の比喩が使われた。ただし、次の原注を参照せよ。

(32)「第二反論に対する答弁」(AT IX-A, 121)。「必要なく多数性を仮定してはならぬ」というのは、〔十四世紀の神学者〕オッカム〔に独自〕の主張ではなく、〔オッカムよりも約二十歳年長の〕スコトゥス〔にすでに見られる〕ものである。〔スコトゥスの〕『センテンチア注解〔*In Sententiarum*〕』第二区分第一－四問題を参照。

ある」[33]。なるほど、〔何かについて〕判断を下すということそれ自体は、学習の対象ではない。したがって教えられることがあるとすれば、それはただ一つ、明証性の確保されていないところでは判断を下すな、これである。このように、方法については長々と議論するものではない――もちろん、そうせざるをえない場合を除いて。そしてそれはあくまでも、どのように思考するかに関して説明が求められる場合である。さらに、デカルトの方法がその効果を十分に発揮するのは、一見するとこの方法にとって障害となるものにこの方法が変貌する時、つまり、その適用が自動化される時である。どういうことか。明晰さと判明さが確保される場合だけ判断を下すという習慣を身につけることに、感覚的なものの誘惑に屈しないためになされる〔意識的・自覚的なその都度の〕努力が取って代わられる、ということである。それはまるで精神は、習慣化の動きに身を委ねることで自分について意識するのをやめれば、それだけいっそう自分のことについて確信できるかのようである。

　ここではデカルトにおける方法の重要性を強調しすぎたかもしれない。というのも、方法〔に関する考察と記述〕は、『哲学原理』においてそうであるように、〔主著である〕『省察』には不在だからである。むしろ方法は『省察』において、省察的熟考というタイプの修練を積むこと、精神と感覚を分離すること、精神を占拠する古臭い諸原理から精神を解放すること、そして新たに獲得される確実なものを一つずつ反芻すること、これらのうちに取り込まれているのである。むろんそれは、これらの二つの書物が方法上の要請に応えていないということを言うものではない。それどころか、『方法序説』が主題化することのなかったより根源的な要請、つまり、省察的熟考に取り組むという要請に応えるかぎりにおいてしか、方法上の要請は満たされない、ということを言うものなのである。(34)

III　省察的熟考という方途

それではデカルトには、自分が実際にそうしたのとは別のことを自説として組み立てるところがあったということなのか。というのも省察的熟考については、あまりに簡素な定義しか与えられていないが〔精神を諸感覚〔つまり身体〕から切り離すこと、発見された真理を習慣にするまで内面化すること、精神を捉えて離さない先入観を疑うこと〕、このタイプの熟考に取り組むことは実のところ、方法の行使よりはるかに決定的だと考えられているから。そして、〔デカルトによって〕紙幅を割いて論じられる、〔方法の一種である〕分析という操作と総合という操作の区別も実際に守られているとは言い難い。この点に関してもまた、省察的熟考という道筋のほうが、これら二つの「思考様式」の相違以上に決定的な

(33)『精神指導の規則』第四規則（AT X, 372）〔㈰第四巻二一四頁〕。
(34)　この点に関するE・スクリバノ女史のご教示に感謝する。

ものと考えられているのである。[35] 総合は、分析と異なり、最も馴染まれているもの（自分自身、自分の思考、そして自分の存在）から始めることをしない。そうではなく、到達するのが最も難しいもの（神、その無限性、始原的な概念ないし公理、結果ではなく原因）から始める。だからといって、絶対に必要不可欠なわけではない。懐疑と省察的熟考とからなる〔精神のさまざまな能力の〕改善〔つまり自己に関する分析的考察〕という迂回路を通ることが無駄とされてしまうほどの重みを有しているわけではないのである。いずれにせよ理想は、哲学が自己撞着に陥ることなく語られることであり、さらには「世界に存在する、あるいは存在しうるいっさいのものの原理なり第一原因なりに全面的に」到達すること、そして「世界を創造した神ひとり以外は何も考慮に入れず、また私たちの魂のなかに自然に備わっている真理の幾つかの種子以外からそれらの原理を引き出そうともしない[36]」ことである。ただし、ここで言われる自然に備わっているというのは、〔たとえば或る種の神秘主義がそうであるように〕いっさいの媒介物をたてることなく直接的に、ということではない。しかしそうは言っても、自然に合致したしかたで思考するよう私たちに要求するデカルト哲学にはどこか反自然的なところがありはしないか。始原的な概念ないし「真理の種子」が自然に備わっているものとして見出されるとしたら、それは知性において他にないのだが、私たちが最も自然に認識するのは、自分の精神についてではない。私たちにとって明証的なものは――実際は不確実な在り方をしているから虚偽なのだが――、まず諸物体《コール》と自分たちの身体《コール》に由来するからである。

『哲学原理』と『方法序説』のなかでデカルトがそうしているように、始原的な概念がそこに定位する具象度の最も低い次元に向かって一気に上昇し、その後、この概念から出発して無限実体(37)〔神〕ならびに思考実体〔精神〕と延長実体〔物体〕の認識に到達しようと試みることはできるだろう。しかし『省察』の場合がそうであるように、懐疑がその破壊的な力を全面的に行使しているあいだは、このような〔始原的な概念を始点とする〕演繹はショートを起こしてしまう。なぜなら〔そのような行使の一環として、〕神であれば、この概念と精神の外部に存在する事物《もの》は対応関係に全然ないという事態を生み出せた〔、といった反論を仮設的に提示できる〕からである。そのために形而上学的な不安が頭をもたげてくる。だからこそ、神の〔誠実さといった〕諸属性に関する認識がひとたび確実なものとされるのを待ってようやく、認識の秩序が存在の秩序に対応し、そして、諸観念が諸事物の本質を記述していると断言することができるようになる。そうすると哲学をするという行為は、総合という手段よりも、〔或る論点に関する〕

(35) オラトリオ修道会のジビューからデカルトが受けた影響については、前掲したベサード『デカルト、秩序に沿って』の一九六頁を参照のこと。
(36) 『方法序説』(AT VI, 63-64)〔白第一巻六四頁〕。
(37) 〔訳注〕デカルトが自身の哲学をラテン語で教科書風に纏めた『哲学原理』(一六四四年)によれば、実体とは「存在するために他のいかなるものも必要とせずに存在するもの」である。そしてこの実体に「内在する」本質的特性のことを属性と呼ぶ。

反論と答弁、譲歩と反駁、抵抗と発見という手段によって前進することだと分かってくる。デカルトの著作に驚くべき表題〔『省察』は知識人から寄せられた『反論と〔デカルトの〕答弁』の合本として刊行〕と〔弁証法的な自問を繰り返す「私」の一人称による語りという〕文体が用いられているゆえんである。どの著作をとっても――『哲学原理』でさえ――、哲学を概説的に論じたものはない。たとえばスピノザの『エチカ』第一部と類似するようなものはないのである。そしておそらくそれが、『真理の探求』という、未完にして、『省察』の少し前に執筆された(38)対話篇が、実際は断念されたのではないことの理由だろう。デカルトが『真理の探求』で採用した対話という形式は、〔たとえばプラトンが膨大な著作の大半を対話篇として書いたように〕哲学をするという行為そのものと切り離すことができないのである。なるほどたしかに、前述したような分析と総合という究極的には不自然な〔操作上の〕区別よりもはるかに決定的なのは、形而上学と省察的熟考が分かち難く結びついていることだ。なぜなら真理は、そこへ到達するための道程とは切り離せないから。そしてそれこそが、デカルトが「〔スコラ〕哲学者たちのように討究あるいは討論を、あるいは、幾何学者たちのように定理あるいは問題を書いたのではなく、むしろ『省察』を書いた」理由である。それは「まさしくそうすることによって、事物を注意深く考察し、かつ、私とともに真剣に省察する労を厭《いと》わない人々のためにだけに執筆した、ということを立証するため(39)」であった。デカルト哲学にはレトリックが欠如しているなどと主張されることがあるが、このような主張は、読者を感化しようとしたデカルトの意図を無に帰することに他ならない。デカルト哲学の展開は、その全体がパフォーマティブな在り方をしている〔つまり実際の行為を伴う〕ことを見落としては理解できない。このように言うのは、デカルトの目的つまり読者の改心が実現されるのは、彼の哲学の展開の足跡を追って読み進めるという行為がなされるかぎりにおいてだからである。読書という行為によって、語り手が〔『省察』という書物のなかで〕最初に遂げる改心が〔読者のうちにも〕実現され、かつ、「このように論証された事物を自分自身で見つけ出したという場合に劣ることなく完全に知解し(40)、また、自分のものとする(41)」ことが可能となる。何かを読むとは、そこに書かれていることを実行にうつす、ということなのである。これこそが、獲得済みの真理を公理化しない、その発見の道筋から遊離しない、というデカルト的なレトリックの独自性である。つまり省察とは、単なる著作の題名などではなく、方法であると同時に文体でもあるのだ。それは「私たちの全生涯を通じて私たちのうちに根づいている、知性的な事物を物体的なそれと混同する習慣が、これらの事物を区別する反対の習慣によって拭《ぬぐ》い去られる

---

(38) おそらく一六四二年頃に執筆された。前掲したガウクロジャー『デカルト』の三九二頁を参照のこと。
(39) 「第二反論に対する答弁」(AT IX-A, 122)〔白第二巻一九〇頁〕。
(40) 〔訳注〕本書においてとりわけその必要がある場合は、フランス語の動詞 entendre ならびにそれに対応するラテン語の *intelligere* に「知解する」という日本語を訳語として採る。知性(entendement; *intellectus*)をもって認識するということで、デカルトにおいては、想像力の働きとしての想像と峻別する必要がある。
(41) 「第二反論に対する答弁」(AT IX-A, 121)〔白第二巻一八八頁〕。

ため[42]」のものである。コギト〔つまり「私は思う」〕の世界は、その〔思う「私」という〕存在だけから成立しているのではなく、全読者の存在を含んでいる。夢想者、数学者、さらには錯乱者まで含まれているのだ[43]。このことは、最も私秘的なものとしてある、この私の思考と存在が、実は固有名を刻印されていない最も月並みなものである、ということを意味する。つまり、誰であれ各自がこの思考と存在を自分のものとして受け止めることができる、というわけだ。この点でデカルトをソクラテスと対比させることは十分に可能だろう。哲学をするとは、自分に反して思考すること、或る種の無意識つまり感覚レベルでの無意識に抗うことだと言えるからである。実際にこの無意識のために、「昔からの通常の見解は頻繁に私の思考のうちに舞い戻ってきては、長いあいだ私を慣れ親しませてきた慣用から、ほとんど私の意に反してさえも私の精神を占拠し、また、私の信頼を勝ち取るという特権に浴する[44]」ことが生じてしまうほどである。そして〔そのことに抗う〕省察的熟考という訓練は、〔私たちに通常は〕最も馴染みのないもの（神の存在、生得的な観念、物体〔身体〕的なものと精神的なものの根源的な区別）を明証的なものに組み換えることを目指すわけで、そのかぎりでこの訓練によって、主体性の新しい在り方が前景に押し出されることもはっきりとする。〔たとえば古代ギリシア・ローマの哲学者たちがそれに対処することを自分たちの課題としていた〕政治上のさまざまな問題と公的な義務から身を引くことで立ち現れてくる主体性、そのかぎりで新しいと言える主体性である。国家理性〔つまり、至上の存在である国家の維持・強化のためにすべてのものは動員されるべきだとする国家行動の基本法則〕によって個人に当然のものとして唯

一あてがわれる領域は、各個人の〔内面的な〕知恵が統裁する範囲を超えることはない、ということである。(45)

しかし次のように反論されるかもしれない――省察的熟考という鍛錬ならびに懐疑は、その徹底さの度合いという観点からすると、言語一般には、つまり思考を表現するための言語能力には決して及ばないのではないか、と。しかしデカルトは、新たに発見された真理を記述するには不適切な古色蒼然とした言葉を、確実と言いうる明証的なもの（とりわけ、私は在る、私は存在する）に押し付けるような用法を拒否する。理性、知性、精神、そして魂という概念を持ち出して、その予め定まっている意味をコギト〔「私は思う」〕という経験に押し付けたりしないのだ。その反対に、この経験こそがこれらの概念に或る〔新しい〕内容を付与するのである。それはまるで、この経験以前はこれらの概念は私たちには

（42）同上書（AT IX-A, 104）〔白第二巻一六一―一六二頁〕。
（43）錯乱者、夢想者、そして数学者は等しく思考能力（*cogitandi vis*）を有している。精神が錯乱状態にある時、思考能力はその活動をやめているのではなく、妨げられているのだ（「第四反論に対する答弁」（AT IX-A, 177））。
（44）『省察』（AT IX-A, 17）〔白第二巻三四頁〕。
（45）D・クルーゼ〔Crouzet〕『神の戦士たち〔*Les Guerriers de Dieu*〕』（パリ、シャン・ヴァロン、一九九〇年、五六四頁）を参照のこと。

未知であったかのように。たしかに、人々が使っている言葉で話さなければならない。と同時に、ソルボンヌ〔パリ大学のこと〕の教師たちが使っている言葉については、その土台から作り直さなければならない。だからといって、新たな言語体系を打ち立てようというのではない。これまで伝統的に使われてきた言葉に新たな意味を付すのである。デカルトは何度かはっきりそう断っているが、彼が幾つかの術語に持たせている意味は、学院からは承認されていない。たとえば直観という術語がそうである。「しかし、或る人々が直観という単語の新しい意味に驚くことのないように〔……〕、ここで私は次のような一般的な注意を与えておくことにする。同じ単語を使ってまったく別のことを考えるのはきわめて困難だろうから、最近学校において（*in scholis*）或る言葉がどのように使用されていたかについては、私は少しも考慮を払わない、と[46]」。

ところで、〔幼少の頃よりどれほど多くの偽なるものを真なるものとして取り違えてきたかを反省する〕改心に向けて、省察的熟考というタイプの修練に取り組もうとすると、すぐに躓《つまず》いて上手くいかないようだ。それは、これまで確実だと信じられてきたことから身を引き離すのに払うべき代価が高いということを意味するのだろうか。デカルトは述べる、「しかしながら、これは骨の折れる目論見であって、一種のものぐさがついつい私を平素の生活の習慣に引き戻してしまうのである。それは、睡眠中に想像上の自由をたまたま楽しんでいた囚人が、その後、自分の自由は夢でしかないのではないかと疑い始めるというその時に、呼び覚まされるのを怖れて、快い幻想とともにゆっくりともっと長くこの幻想に耽ろうとして目を閉じているのと違わないのであって、このようにして、自ずと私は自分の古い意見のなかへと逆戻りしてゆき、そして、この微睡《まどろ》みから目覚めるのを怖れるのである[47]」。そこから〔「第一省察」に出てくる〕悪霊〔の仮説という懐疑理由〕が果たす、それ自体は比喩として片付けることのほとんどできない役割がでてくる。つまり、感覚器官によって知られる世界には身を委ねないという決断である。それは、ほとんど苦行にも等しい拒絶という所作である。この点で、カント的な意味での自律、つまり、自分で自分に課した法則に従うということから、私たちはそれほど隔たっていないと言える。『省察』の語り手(ならびに語り手とともにある読者)は早い段階で、〔感覚がもたらす〕幻覚という心地よさのなかでその囚われ人として生きるのか、あるいは自分の自由を何ものにも譲るまいとするのか、いずれかを選択しなければならない。「自分自身に固有の自由を使用しつつ、その存在についてわずかでも疑うことのできる事物はすべて存在しないと想定する精神、その精神が、そうしている時に自分が存在しないことは絶対にありえない、ということに気づく[48]」のは、まさしくこの選択によってである。もし自分は思

(46)『精神指導の規則』第三規則(AT X, 369)〔白第四巻二〇頁〕。
(47)『省察』(AT IX-A, 17)〔白第二巻三五頁〕。
(48)同上書「概要」(AT IX-A, 9)〔白第二巻二一頁〕。「私は疑う、ゆえに私は在る」(『真理の探求』(AT X, 523))。

考していないなら――〔言い換えるなら〕懐疑とは思考の謂《いい》だから〔疑うことをしていないのであれば〕――、私は決して、克己ということのうちに存する、つまり、存在するものとして自分を肯定することのうちに存する自由を感受することはないだろう。〔「私は思う、ゆえに私は在る」と述べる〕「デカルトがついに来た(49)」。

(49) アカデミー・デ・ジュ・フロロー〔Académie des Jeux floraux〕『アカデミー・デ・ジュ・フロロー選集〔*Recueil de l'Académie des Jeux floraux*〕』(トゥールーズ、J＝M・ドゥラドゥール〔Douladoure〕印刷所、一八三一―三三年、二四六頁)〔Académie des Jeux floraux とは、そのまま訳出すれば「花の競技アカデミー」であり、一三二三年、トルバドゥールの詩人たちがオック語の振興のためにトゥールーズで結成した団体《アカデミー》である。オック語で神や聖母をたたえる詩の競技を開催し、勝者にスミレなどの花を象《かたど》った賞品が授けられた〕。

第二章　私は在る、私は存在する

この世界にたった独りでいることは、形而上学的な経験のなかでも第一に挙げるべき正真正銘のものだ。「今私は、目を閉じ、耳を塞ぎ、すべての感覚を遠ざけ、また物体的な事物《もの》の像《イメージ》のすべてをもあるいは私の思惟から拭いとるか、あるいは少なくとも、それは不可能に近いから、それらの像を空《むな》しくて偽なるものとして無視するかして、独り私にのみ語りかけてこれをいっそう奥深く洞見するということによって、私自身を漸次《ぜんじ》に私にとって、いっそう知られたもの、いっそう馴染み深いものとするように努めよう」(1)。それは、この世界にたった独りでいる、というのに、あるいはむしろ、物体〔身体〕的な事物の像《イメージ》をすべて退け、この世界に根を下ろしている私のその在り方を考慮しないことが問題になっているのだから、世界なしで存在する、というのに等しい。しかし、世界のこのような無化、さらには私自身の無化ということを論ずるうえで、この私はたしかに存在するのでなければならない。「かくし

（1）『省察』（AT IX-A, 27）〔白第二巻五一頁〕。

て、私は在る、私は存在するというこの言明は、私によって言表されるたびごとに、あるいは、精神によって抱懐[2]されるたびごとに、必然的に真である、と論定されなければならない[3]」。この論定は、ここで表明されている〔「私は在る、私は存在する」という〕真理〔の意味するところ〕とこれを表明する当の人物〔の「在る、存在する」という行為〕が完全に一致しているために簡潔なものになっており、そのことには意表を突かれる。実際に、私は在る、私は存在するという論定は「誰の筆の下でもありえたほど[4]」だけに、その明証さはほとんど哲学以前のものと言ってよく、したがってその内実を分析するのは困難である。このような自己の存在証明は、理性の事実として、つまり疑いようのない直観として定式化されている、ということである。しかもデカルトはそのために、「直観による」という言葉の新しい用法を作り出しているほどだ[5]。いずれにせよ、私は在る、私は存在するというのは、証明不可能な第一原理、それ自体で明証的な原初概念である。それは、現在の或る経験のうちに結晶化する形而上学的真理であって、一般的な命題から出発する論理学におけるそれ〔「思考するためには存在しなければならない」とか「思考するものはすべて存在する」〕ではない。「私は在る、私は存在するというあの命題の［……］認識は、あなたの推論が作り出したものではありませんし、あなたの先生たちがあなたに教えたことでもありません。あなたの精神がそれを見て、それを感じて、そしてそれを取り上げるのです。あなたの思考にしつこくまとわりつく想像力が、その命題の認識にさまざまな像を着せようとして、明晰さを減じている［……］のです[6]」と述べられているとおりだ。

(2)〔訳注〕本書においてとりわけその必要がある場合は、フランス語の動詞 concevoir ならびにそれに対応するラテン語の *concipere* に「抱懐する」という、いささか聞き慣れない日本語を訳語として採る。なお、それらの字義は「一緒に摑み取る」である。なぜなら、ラテン語の場合で説明すると「〜とともに（*con*）」と「摑み取る（*capere*）」の合成語だから。したがって、「自分の精神」「とともに」思念・思考・観念・想念・着想・感情などを「摑み取る」、つまり、「精神」においてそれらを「懐《いだ》き持つ」というニュアンスがこの原語と訳語には込められていることに注意されたい。なお、「概念」という日本語が普通はあてられる名詞 conception と *conceptio* は、それぞれ concevoir と *concipere* に由来する。

(3)『省察』（AT IX-A, 22）〔白第二巻三八頁〕。

(4) 一六四〇年十一月十四日付コルヴィウス宛書簡（AT III, 248）〔知第四巻二一四頁〕。

(5)〔「直観」という言葉を伝統的に、より正確にはトマス・アクィナス的に使用している〕一六四八年三月ないし四月のシヨン（?·）宛書簡（AT V, 136）〔によれば「直観的な認識は精神の照明であって、それによって精神は、私たちの精神に対する神的明晰さの直接的な刻印によって、見出したいと望むものを、神の光のなかで見るのです」〔知第八巻三二頁〕と述べられている〕。

(6) 同上書簡（AT V, 137-138）〔知第八巻三三頁〕。「〔まさしく彼の存在をばむしろ彼は〕彼自身のうちにおいて彼が、〔存在するというのでないかぎりは思惟するということはありえぬ、〕と経験することから〔、学び知るのです〕」（「第二反論に対する答弁」（AT VII, 140）〔白第二巻一七二頁〕）、また、「〔……〕私たち自身の経験や、各人がそれらを検討する時にみずからのうちに見出すところの、意識すなわち内的証言によって〔……〕」（『真理の探求』（AT X, 524）〔白第四巻三二八頁〕）。

私たちはなんだって疑うことができる。自分の身体も自分自身と同様に疑うことができる。それでいて、存在するということを確信している。なぜなら「魂は、物体的なところのまったく認められない存在者、というより〔そのような〕実体であり、その本性はただ思考することのみだから」[7]。私は思考するという事実を通じてのみ自分を存在するものとして再認識する。それは、もし私が思考するのをやめてしまったら、まさにそのことによって存在するのをやめてしまうほどだ[8]。これは、なんとなくそのような感じがするということではない。それによって存在者がその独自性において把握される形而上学上の真理なのである。考えることとは、実在する主体のうちに生起する出来事であると同時に、その主体に備わる属性である。それは、私つまり思考していることを意識している実体の行為である。「思考し、かつ、自分の思考について反省する」ことは、まったく同一の行為なのだ。したがって、意識という概念を持ち出したところで、思考に何かが新たに付け加わるわけではない。それは思考の単なる定義づけでしかない。「私は思考という単語で、私たちのうちに生じ、その結果、私たちがそのことについて自分自身で直接に覚知する（*in nobis conscientia est*）かぎりのすべてのもの、と理解する。したがって、理解すること、意志すること、想像することだけでなく、感覚することもまたここでは考えることと同じである」[9]。デカルトはもしかしたら、思考するということ一般から思考する私《エゴ》へと性急に軸足をずらしているのかもしれない。それは彼に対する反論としてしばしば持ち出されるものだ（「あなた自身が考えているのか、それともプラトン哲学の信奉者たちがそう望むようにあなたのうちにある世界霊魂が考えているのかを、あなたはご存じありません」[10]といった反論）。しかしデカルトがここでそうしているのは、比類なき直観のことが問題になっているからである。そしてこれこそが意識という言葉の意味するところなのである。このように自己を思考する事物《もの》として認識することは、あらゆる領域において決定的な意義を有することになる。なにせ私とは、自分の身体を捨象したものであり、それ以外ではない、と言われるのだから。しかも、身体を欠いたかぎりでの自己〔つまり精神としての自己〕についてはは認識できても、〔身体を含む〕さまざまな物体について精神ぬきに抱懐することは私にはできない。なぜなら、私が事物の本質に到達できるのは、像《イメージ》や感覚を通してではなく、〔精神の抱懐する〕観念によってだからだ。さらに、さまざまな物体から構成されるこの現実世界など存在しない〔と仮想した〕から

（7） 一六三七年三月のシヨン（?-）宛書簡（AT I, 353）〔知第一巻三四六頁〕。
（8） 『省察』（AT IX-A, 21）。
（9） 『哲学原理』第一部第九項（AT VIII-A, 7）〔白第三巻三六頁〕。
（10） 一六四一年七月のヒペラスピステスからデカルトへの書簡（AT III, 403）〔知第五巻九頁〕。

といって私は思考をやめるわけでもない。とはいえ現実世界は、これについて思考する私の外側に、その実際の在り方の根拠を有している。それに、コギト〔「私は思う」と言われる時のそ〕の主体は何かを明らかにする〔ことに終始する〕よりも、コギトを確実な演繹からなる連鎖の最初の輪にすることのほうが課題ではないのか。つまり、考える事物の存在から出発して、〔神という〕無限なもののほうへ、それから神の誠実さを介して、〔もはや誇張された懐疑の対象ではなくなったこの現実世界に見出される〕自然法則、植物、人間、そして人体の生成にまで到達する連鎖である。そして、もしデカルト革命とは事物の認識可能性の根拠を、思考する存在者のほうに結びつけることであるなら、それは、この存在者を神的無限に全面的に依拠したものと見なすだけに、いっそう革命的なのだ。

コギトは、或る一つの実在〔この場合は私自身〕を必ず表示する観念である。そのかぎりで、確実な認識はどのようなものであるべきか、ということを考えるうえで典型例となる。つまり〔コギトがそうであるように〕、「私たちがきわめて明晰かつ判明に摑む事物はどれもみな真だ[11]」ということを一般的な規則にしなければならないのである。この明晰で判明な観念を知解するというのは、その観念のうちに含まれているところ〔つまりその表示内容〕を一義的に解明することである。こうした考えは、さまざまな観念の区別は対象のうちにある形相的区別[12]に対応すると主張するスコトゥスに由来しており、デカルト認識論の下敷きになっている。なるほどこの認識論によれば、或る事物について認識されたかぎりでの存在（思念的事象性[13][14]）は現実の存在（形相的事象性）と同じである。そして思考と存在のあいだにあるこのような対応関係こそが――両者が対応関係にあるというのは、〔デカルト自身の〕数学思想と同時に形相的区別に関するスコトゥス的な原理を根拠にしている――、デカルトをしてコギトというものの明証性の延長線上に、明晰かつ判明な観念のうちに見出されるものは〔すべて〕「必然的に事物のうちに

---

(11)『方法序説』(AT VI, 33)〔白第一巻四四頁〕。
(12)〔訳注〕知性の作用によって事物《もの》のうちに導入される区別ではなく、事物のうちに知性の作用によって発見され、かつ、認識される区別のこと。
(13)〔訳注〕ここで「思念的」と訳したフランス語の原語は objectif である。これはラテン語の動詞 *obicio* さらにその派生形の名詞 *objectum* と密接に関わる。なお、その字義は「向こうに投げられたもの」である。なぜなら、*obicio* は「〜へと向かって／〜の前へ (*ob*)」と「投げる (*jacere*)」の合成語であり、その受動相完了形が *objectum* だからである。そしてこの用語は、中世や近世の哲学においては、外部にある事物が精神に投影されて表象されていることを意味していた。したがってこの投射性を意識して、「思念的」の代わりに「対象(=投げられたもの)的」という訳語をあてることもある。いずれにせよ、デカルトがラテン語で *realitas objectiva* ／フランス語で réalité objective と呼ぶものは、観念として表象されている事象内容のことである。
(14)〔訳注〕ここで「事象性」と訳したフランス語の原語は réalité である。これはラテン語の名詞 *realitas* に対応する。或る事物が何ものか「である」かぎりで有する、その事物それ自体の在り方すなわち象《かたど》りを意味する。したがって、或る事物が「在る」か、つまり存在するかどうか、という問いとはいちおう切り離して捉えられるべきである。

ある[15]」と言わせしめるのだ。

しかし、私は在る、私は存在するという一文を肯定したからといって、私に真理を受け容れる能力が自然本性的に備わっているかどうかという問題に終止符が打たれるわけではない。なるほど私はこの一文について十分に確信しているが、しかしそれだけでは知識の名には値しない。コギトが真理であるのは、これを知解しているあいだだけのことであり、その後もずっとそうだというわけではないからである——「私たちの魂の本性は、判明に理解したものに同意するのを拒めないようになっています。しかし、こうしたしかたで認識された諸前提から引き出された結論だけを、それらの前提には注意せずに記憶に残すということが私たちにはしばしば起こるため、その場合には、申し上げますが、明晰な諸原理から引き出されたものであることは覚えていながらその結論を不確かなものとしてしまうということも、神に関して無知であるならば、起こりうるのです。というのもおそらくは、実際のところ、最も明証的なことにおいてさえ誤るというのが私たちの本性であるためです。したがって、〔このような場合、明晰な諸原理から結論を引き出したにしても、その結論に関して私たちが手にしているのは〕知識でなく、単にその結論に納得させられているにすぎないのです[16]」。なるほど、「自然の光」によって発見された定理、つまりコギトは、それが真理であるために神について認識することを必要としない。とはいえその真理性は、ここで〔真理を変えうる〕神の全能のことを持ち出すなら、永続的なものではないように思われる。たしかにコギトは明証性そのものの原型である。しかし学知が決定的なしかたで打ち立てられるのは、私は〔全能の神によって〕欺かれているかもしれないという不安と、やはりそうなのだという確信のあいだで行ったり来たりして悩むことがなくなった時であることには変わりない。つまり、神〔とりわけその誠実さ〕について明晰かつ判明に認識する時でしかない。そして、この認識が十分に明晰かつ判明であれば、私は次のように確信できるのである――欺こうと欲することのうちに存する不完全性は、神の力能が無限であればこそ、その可能性すら考慮されない、と。

---

(15)　一六四二年一月十九日付ジビュー宛書簡（AT III, 477-478）〔知第五巻七五頁〕。これらスコトゥス等に関する指摘については、O・ブルノワ〔Boulnois〕『ドゥンス・スコトゥス――神の認識と存在の一義性について〔*Duns Scot. Sur la Connaissance de Dieu et l'univocité de l'étant*〕』（パリ、フランス大学出版局、一九八八年）に裨益を受けた。記して感謝する。

(16)　一六四〇年五月二十四日付レギウス宛書簡（AT III, 64-65）〔知第四巻六三頁。本書一二七―一二八頁も参照のこと〕。ベサード『デカルトの第一哲学〔*La Philosophie première de Descartes*〕』（パリ、フラマリオン、一九七九年、一四五頁以下）を参照のこと。

Ⅱ　神学的なコギト

自己認識は、私は在る、私は存在するという一文に要約されるわけではない。それはより本質的には、無限なものへの渇望を意味している。「私が自分自身のことについて反省している時、私は自分が不完全で不十分な事物《もの》であり、他のものに依拠する事物であって、私よりもいっそう善なるもの、いっそう大きなもの（*majora sive meliora*）を際限もなく目指し希求する事物である、ということを知解するばかりでなく、同時にまた、私の依存しているものが、私の希求しているいっそう大きなそうしたもののすべてを〔……〕自分自身のうちに〔……〕有しているということを、こうしてそれは神であるということをも、私は知解するのである」[17]。この文章から理解されるように、コギト〔「私は思う」〕については神学的な観点からなされる考察の局面がある。つまり、私《エゴ》は神的存在が知解されるかぎりで捉えられる、ということである。「無限なものの知得は有限なものの知得よりも、言い換えるならば神の知得は私自身の知得よりも、或る意味では先なるものとして私のうちにある」[18]。神の観念は、単に私に植え付けられているだけではない。それは私の存在そのものですらある。「神が私を創造するにあたって、この観念を、あたかもそれが自己の作品に刻印された製作者のしるしででもあるかのように私に植えこんだということは驚くに当たらないし、またこのしるしが作品そのものと別個の或る事物であるという必要もない。しかしながら、神が私を創造したということの一事よりするに、〔……〕私が或る意味で神の似像と似姿に（*ad imaginem et similitudinem*）象《かたど》って作られている、そして〔……〕、（神の観念がそのうちに含まれている）この似姿は、私自身が私によって知得される（*ipse a percipior*）ための能力と同じ能力でもって私によって知得される（*percipi*）。言い換えるならば、私が自分自身のことについて反省（*mentis aciem*）している時、私は自分が不完全で不十分な事物であり、他のものに依拠する事物であって、〔私よりも〕いっそう善なるもの、いっそう大きなもの（*majora sive meliora*）を際限もなく目指し希求する事物である、ということを知解するばかりでなく、同時にまた、私の依存しているものが、私の希求しているいっそう大きなそうしたもののすべてを、しかも私が自分自身のうちにそれらの観念を見出すところのそうしたもののすべてを自分自身のうちに、無際限かつ単に潜勢的にというのではなくて、実際に現実的かつ無限に有しているということを、こうしてそれは神であるということも、私は知解するのである」[19]。有限なもの〔つまり人間精神〕は単に無限なものの観念を有しているだけ

（17）『省察』（AT IX-A, 41 ; VII, 51）〔白第二巻七〇頁〕。
（18）同上書（AT IX-A, 38）〔白第二巻六三頁〕。
（19）同上書（AT IX-A, 41 ; VII, 51）〔白第二巻七〇頁〕。ここではフランソワ・ド・サルの『神愛論〔*Traité de l'amour de Dieu*〕』（一六一六年）における「知りたいというこの終わりなき欲望と、この満たされえない→

ではない。この観念そのものでもある。そうするとコギトに最も適した定式化は、「私は無限な存在者について持たれる観念そのものであるが、しかしその当の存在者ではない」というものになるだろう。もし私が考える事物なら、私はより本質的なしかたで、神に関する思考そのものですらある。それはデカルト形而上学の重心が、私は在る、私は存在すると主張することよりも、無限なものの観念を知解することのほうにかかっているからである。

なるほどデカルトは、アウグスティヌスのようにコギトに自己の存在証明という機能を持たせているとしても、コギトを三位一体〔キリスト教において父なる神と子なるキリストと聖霊が一体であるとする教え〕の具体的なイメージと見なすことは拒否する。「考えるこの私というものは非物質的な実体であり、なんら物体的なところはない[20]」ということを示そうとしたまでである。デカルトは『三位一体論』のうちに――ちなみに本人はこの書物については知らないと述べているが――、アウグスティヌスとの近しさどころか、自分の『省察』が疑いようもなく独創的なものであることを見てとっている。これは大胆な主張である。というのもアウグスティヌスの書いたものには、魂を非物質的な実体と見なす同様の定義が見出されるから――「これらすべての見解を踏まえて、魂の本性は実体であるが物体的なものではないことを知る人々は、〔……〕同時に次のことを理解しなければならない。すなわち、魂を物体と思い込んでしまうという過誤は、彼らの知識に魂が欠けているからではなく、彼らがどんな本性についてもなんらかのものを付加することなしには考えられないためだ、ということである[21]」。アウグスティヌスによれば、魂は、デカルトが考えるのとまったく同様に非物体的な――あるいは非物質的な、しかしその違いはあまり重要ではない――実体と見なされ、このことから物体〔身体〕とは根源的に異質なものとしても見なされる。さらに自己認識に関して言えば、二人ともこれを神の認識に到達するための出発点と見なしている。デカルトは、「〔魂はまったく非物体的な存在者すなわち実体であり、その本性は考えることでしかないということに関する〕この省察的熟考に十分な時間をかけて留まれば、知的本性一般に関するきわめて明晰で、あえて言えば直観的な認識が少しずつ獲得されますが、その観念は、限定なしに考察されるなら私たちに神を示す観念です[22]」と述べている。と同時に、神に到達するこのような道は、アウグスティヌスが思い描いていたものでもある。「理性は、身体の道具を借りずに〔……〕自分自身によって、或る永遠かつ不変のものを観取するならば、理性は同時に自分がかかるものよりも劣っており、か

↓渇望を私のうちに刻印したなんらかの無限の製作者が〔……〕いる」（〔A・ラヴィエ（Ravier）編、プレイヤッド版『著作集（*Œuvres*）』、〕パリ、ガリマール、一九六九年、三九八頁）という文言が参照されている〔『神愛論』の日本語訳は、岳野慶作によるそれの改訂版が一九六二年に中央出版社から刊行されている〕。

(20)　一六四〇年十一月十四日付コルヴィウス宛書簡（AT III, 248）〔知第四巻二一四頁〕。

(21)　アウグスティヌス『三位一体』第一〇巻第七章一〇〔泉治典訳、『アウグスティヌス著作集』第二八巻、教文館、二〇〇四年、二九三頁〕。

(22)　一六三七年三月（?・）のシヨン（?・）宛書簡（AT I, 353）〔知第一巻三四六―三四七頁〕。

かるものは自分の神でなければならないと認める[23]」と述べられているからである。

III　現実に生きているひとりの人間

もっともデカルトは、精神を身体から根源的なしかたで最初に切り離したのは自分であると強調して憚《はばか》らない。「私の知るかぎり、〔理性的〕魂が独り思惟のみに存すると主張した者は、私より前には誰もいなかった[24]」。魂は、生命原理ないし身体の形相などではなく、生物学的機能もいっさい持たない。このことを裏返して言えば、身体のうちに延長に還元されないものは何もないということで、生命体を説明するのに魂を持ち出す必要などまったくないとされる。これこそ、魂は前世でも来世でも永続すると主張することが許される時の根拠である。胎児は母体の子宮のなかにいる時からすでに思考しているし、魂は身体が朽ちた後も生き残る[25]。こうした希望を抱かせるのは信仰だけではない。哲学もまた、魂の不死にいかなる異論も挟まないかぎりで同様である[26]。このように、物体的なものの排除は――なるほどその正当化のためには、神についてその誠実さを起点になされる確実な認識を待たなければならないが――、コギトが明証的であることのうちに含まれている。しかしデカルトはこの形而上学的構築物のうちに、そのバランスを崩すような要素を付け加える。つまり、無限なものの観念である。私は、この観念〔が表示するものの、要するに神の、その全能〕のために、自分自身のことを物体〔身体〕的なものとして、いやより正確には、自分の魂が一塊《いっかい》の物体と一つの実体をなすように結合しているものとして見なさなければならない。しかし、思考と延長の一体化は矛盾した事態であるため、この結合は形而上学的には思考不可能である。それでも、〔とりわけ『省察』前半部で描き出されているように〕或る種の無世界論を生きてきた私あるいはむしろ無限なものと対峙して生きてきた私は、以後、色彩と感覚に満ちた世界を〔「第六省察」における考察によって〕発見していくことになる。

実際に私は、自分のうちに体温と血液のあることも、感覚つまり「感じることと私の称する、そうした思惟の様態〔実体がその属性との関わりで一定のしかたで変様した結果のこと〕によって私の精神のうちに知得される諸観念[27]」を享受することも、否定できない。また私の身体は、事実、機械と同じく単純な要

(23) アウグスティヌス『自由意志』第二巻第六章一四〔泉治典・原正幸訳、『アウグスティヌス著作集』第三巻、教文館、一九八九年、九〇頁〕。
(24) 『掲貼文書への覚書』(AT VIII-B, 347)〔白第四巻五一八頁〕。
(25) 一六四一年八月のヒペラスピステス宛書簡(AT III, 423)、ならびに『省察』「概要」(AT IX-A, 9)を参照のこと。
(26) 「第二反論に対する答弁」(AT IX-A, 120)。
(27) 〔訳注〕「第六省察」(白第二巻九五頁)。

素（骨、筋肉、神経）に分解することができる。しかし私が経験するのは、自分は人間としてこれらの器官の単なる集積ではないということである。それに、感覚は〔諸事物の動きを原因として生ずるかぎりで〕受動的な在り方をしていると言えるが、このことは、感覚を〔精神の能動的な働きである〕思惟にだけ結びつけているかぎり説明しえない。〔暑さや寒さといった〕感覚について示す観念は私のうちに、私がそれを望まなくても、しかも往々に「私の意に反して」到来するからである。さらに私には、この観念の起源を外的物体の存在に求める自然本性的な傾向もある。感覚は、純粋に知性的な事物《もの》について示す観念に比べれば、いっそう鮮明かつ濃密であるため――より快適でもある？――、私はこの後者のうちに個々の感覚的所与の一般化しか認めないほどである。私はそこから同様に、この感覚的所与を私に知らせる身体が自分に「固有」のものであることを結論づける。「私は自分の欲望と感情とのすべてをその〔身体の〕うちに、かつその〔身体の〕ために、感覚していた(28)」。私がこれらの知覚を諸物体の本質〔を示すもの〕として受け止めてしまう時、そのかぎりで私は間違いを犯すことになる。つまり、火に近づくと熱さや痛みさえ感じるが、だからといって火そのもののうちに、これらの感覚に似た何かがあるわけではないのだ。そうすると、私が確実に言えることはただ一つ、火は、私のうちに熱さないし痛みという感覚を引き起こす物質的な構造をしている、ということだけである。したがって経験論というのは、事物は私が見て感じるとおりのものであるとする、ほとんど子供染みた思い込みを認識論に仕立て上げたまでだ、と言えるだろう。ところで感覚は、現実世界について本当のところは沈黙し、私の身体についてだけ語る。私の身体がもたらす知覚は、私の身体にとって有益か、あるいは有害かに応じて区分けされたかぎりでの現実に関する。つまり、〔単なる〕認識というよりは、功利主義である。ただしデカルトは、逆説的にも私たちが執拗《しつよう》に彼に押し付ける二元論的発想をすべて拒否する。むしろ、アリストテレスに代表される、〔デカルトとは〕敵対する立場（それによれば魂は身体の形相として定義づけられる）と、プラトンのそれ（魂から見た身体の異質さを強調する）のあいだを行く第三の道を切り開いた。なるほどプラトンによれば、純粋に知性的な生得観念の存在は正当化されるのだろうが、〔このような発想のもとで〕感覚経験について説明を与えるのは適切でないし、そのような正当化は最終的に人間を天使や純粋精神のようなものに仕立て上げてしまう(29)。ところで魂は、身体のうちに、ちょうど水先案内人が船内にいるかのように宿っているわけではない。人前で恥ずかしいと思ってしまう自分の身体と無関係ではない。つまりデカルト哲学は、「精神と身体が合一」し、「言わば混合している(30)」という見解を

（28） 引用は『省察』（AT IX-A, 60）〔白第二巻九七頁〕から。
（29） 一六四二年一月のレギウス宛書簡（AT III, 493）。〔この書簡については〕G・ロディス＝レヴィスの『デカルトの著作』〔*L'Œuvre de Descartes*〕（パリ、ヴラン、一九七一年、三五五頁〔小林道夫・川添信介訳、『デカルトの著作と体系』、紀伊國屋書店、一九九〇年、三七八頁〕）も参照のこと。
（30） 〔『省察』〕AT IX-A, 64〔白第二巻一〇三頁〕。このように〔身体のうちに宿る魂を船内の水先案内人とし→

擁護するものなのである。「全体としての私[31]」つまり「私たちと同じような感情と欲求を抱き、そのように現実の人間を合成するためには、〔……〕〔魂〕がこの〔身体〕といっそう堅く結びつけられて一体になる必要がある[32]」。プラトン哲学は認識論としては正しいのだろうが、実践の領域においては、アリストテレス哲学のほうがいっそう理に適っている。また、デカルトのものと見なされている二元論も彼自身というよりプラトンのものである。デカルトにとって人間は、「私は思う〔コギト〕」と言われる時の「私《エゴ》」に帰着するのではない。人間は実際のところ、形而上学上は根源的に区別された二つの実体を合わせて一つにした、その意味で矛盾した存在なのである。

　デカルトはこの合一そのものを、道徳上の観点から問題視することはいっさいない。それは〔たとえば身体的快楽に溺れるといった〕堕落でも、退廃でも、まして不完全さでもない。とはいえ、精神を身体から切り離さないかぎり真理に到達できないなら、精神と身体を合一させた神は、私たちにチャンスを余すところなく与えなかったことになる。そして私たちはそのことに異議申し立てする権利がある。しかしデカルトは神の立場を擁護するために、神の意図について考察し、神の無限な力能の行使と私たち人間による考察とが一義的な関係にあることを主張するようになる――本当のところデカルトはこの一義性をはっきりと批判しているのだが〔詳しくは本書第三章と第四章を参照〕。いずれにせよ「第四省察」のなかでは、一読すれば分かるように、神は最善を希求したということが述べられ、この主張は、よりはっきりしたかたちで「第六省察」で繰り返される[33]。神は、身体上の変様が〔感覚や感情といった〕感じ《サンチマン》に変換されうることを保証しつつ、自分の力能が無限であることを示す。そしてこのサンチマンは、魂と身体の合一体を維持するうえで何が最も有益であるのかをつねに示すのだから、〔私たちを〕欺くということがない。しかし場合によっては、そのせいで〔心身の正常な〕合一に亀裂が走ってしまうことがある。たとえば水腫病〔身体の組織液が異常に多量にたまってしまう病気〕の場合だ。〔身体に多量の組織液がたまっているのにそれでも〕水腫病患者の喉が渇いてしまうのは、神の在り方に照らし合わせるなら、善の具現化とは言えない。しかし、このような事例にもかかわらず、神が神経インパルスと脳のあいだに、ついで脳と精神のあいだに調和のとれた秩序をもうけたこと自体に疑問を挟む余地はない。このメカニズムは適正に機能するが、その結果は有益な場合もあれば有害な場合もある。それはちょうど「歯車と分銅とから組み立てられている時計は、不出来であって時を正しく報じないという場合でも、何もかも

↓て〕見なすことは、アリストテレス『魂について』（第二巻第一章（413a））に由来し、トマス・アクィナスの『対異教徒大全』（第一巻第二六章一四段落〔酒井瞭吉訳、『神在す』、中央出版社、一九四四年、一三〇頁〕と第二巻第五七章二段落）のなかで、そしてとりわけスノー〔Senault〕の『情念の使用について〔*De l'Usage des passions*〕』（パリ、一六四一年、一－九頁）のなかで再び取り上げられ、紋切り型になった。

(31) 『省察』（AT IX-A, 65）〔白第二巻一〇三頁〕。

(32) 『方法序説』（AT VI, 59）〔白第一巻六〇頁〕。

(33) 『省察』（AT IX-A, 69-70）。

製作者の願いを満足させている場合に劣らず、自然法則のすべてを厳守している」[34]と言われるように。

こうしてデカルトは、神義論[35]の伝統的な図式を持ち出すことになる。神の視点からすれば、悪（私たちが推論において誤るように、感覚によって欺かれること）はそれでも善として見なされうる、という考えである（心身合一体を統制するメカニズムは、たとえ好ましくない結果をもたらすとしても、機能していることには変わりない。誤った判断を下してしまうのは私であって、神ではない。神は、私に完全性を付与してもよかったのに、そうしなかっただけである）。一般的に言って、心身のメカニズムは最善のしかたで機能するが、だからといって、上手くいかない場合も決してないわけではない。規則性がまったくないよりは、〔規則が存在するからこその〕例外的事態が幾つかあるほうがまだよいのである――「この〔脳の微小な一部分つまり松果腺[36]のうちに生ずる〕運動〔つまり神経線維の興奮の伝達〕によって引き起こされうるすべての感覚《サンチマン》のなかで、健康な人間の身体の維持に最も適切かつ最も頻繁に利する感覚、これを〔松果腺の〕運動が精神にもたらすとするなら、そのことにもまして良いことは何も、こういう事情のもとでは望むことも考えだすこともできない[37]」と述べられているように。デカルトの神義論は、〔神の立てた〕一般法則の効力のうえに基礎固めがなされており、そのかぎりでこの神義論のうちには、〔デカルトの次の世代に属する〕マルブランシュの哲学を先取りする要素が、あるいはそのような時代錯誤を退けるなら、明らかにアウグスティヌス的な要素が含まれている。つまり悪（純粋に知的な次元で生ずるのと同時に、心身合一体であるかぎりで生ずる過誤）は、それ自体は最善な一般的メカニズムの個別的事例でしかない、という考えである。

あれこれ考えている時に犯してしまう過誤は、人間の諸能力それ自体の欠陥というよりはむしろその悪用――明晰な認識の得られていない事物を真であると肯定してしまうこと――に由来するのと同様に、心身合一体であるかぎり生ずる過誤もまた、身体と精神をつなぐ神経線維の興奮の伝達に構造的な不調が認められるからなのではない。人間本性の不完全さを強調し、それは腐敗しているなどと断定してしまうのは、原罪という〔キリスト教によれば人類が最初に犯した罪に関する〕教義に訴えかけつつ、哲学の限界のその先〔つまり神学の領域〕を歩もうとすることであるばかりか、真理の探求に終止符を打つ

(34) 同上書（AT IX-A, 67）〔㊀第二巻一〇七頁〕。

(35) 〔訳注〕世界に存在する諸悪は神の全能と善と正義に矛盾するものではないことを弁証しようとする議論。ライプニッツが初めて用いた術語。

(36) 〔訳注〕デカルトによれば、精神（魂）は脳内の松果腺を首座とし、この器官において心身合一が成立している（『人間論』（AT XI, 129）、『屈折光学』（AT VI, 129）、『情念論』第三一－第三三節など）。この器官は、円錐形に似ていることからラテン語で *konarion*、あるいは、松の実に似ていることから、古代ギリシアの医学者ガレノス以来、*glandula pinealis* と呼ばれている。現代医学においては、松果体と呼ばれるのが普通である。第三脳室後方にあり、メラトニンと呼ばれるホルモンを分泌している。

(37) 『省察』（AT IX-A, 70）〔㊀第二巻一〇九頁〕。

ことでもある。その反対にデカルト哲学が目指すのは、〔精神的にも身体的にも〕充実した境地である。実際、私たちはそれ以上のことは望みようもなく、「不平を言うこともできない[38]」。というのも諸事物は、適切に機能するように創造されているからで、多くの場合そのように機能する。知性のもたらす認識が明証的でない時は判断を控えることが意志にはできるし、身体のほうは、健康全般に最も有益な情報を脳に伝達することができる。このような充実した境地に立てるのは、〔心身分離と心身合一という〕次元を区別することによってである。つまり、感覚することと認識することは異なり、生を享受《きょうじゅ》するというのは考え事に集中することではない〔、ときちんと理解することによってである〕。心身合一は、あれこれ考えながら経験されるというより、「色とりどりの花、飛ぶ鳥など、どんな注意も要しない事柄[39]」を眺めながら経験される。つまりそれは、どこまでも動物のように存在している時の実感であり、何かを意識している時の注意作用から解き放たれてようやく沸き起こってくる実感である。心身合一体を生きられるのは、これについて思考することによってではない。むしろそれを実際に生きることによって、私たちは心身合一体についていっそうよく思考するためのチャンスを与えられるのだ。それというのも生は、概念化することの著しく困難なものが、つまり身体的なものと精神的なもの〔という一見すると相対立するもの〕の合一が感じとられるような、そのかぎりで矛盾した事態の生ずる場だからである。私たちの精神は、このような合一を承諾するには、あまりに形而上学志向である。そして通俗的なデカルト理解つまりカルテジアニズムのせいで、彼の哲学の本当の中身をしかと取り出せないでいる。「しかと」と言うのは、感覚の瑞々しさを味わうべく、精神がそれに席を譲って引き下がるほどに徹底して、ということである。私たちが〔本当の意味で〕デカルト派であるのは、私たちがもはや〔通俗的な意味での〕デカルトの信奉者つまりカルテジアンでなくなった時、「感覚の弛緩と精神の休息」に身を委ねる時、そして、「知性のみを占める」思考については「一年のうちごくわずかの時間しか用いない[40]」時であり、それ以外では決してないのである。

(38) 同上書 (AT IX-A, 48)〔白第二巻七六頁〕。

(39) 一六四五年五月ないし六月のエリザベト宛書簡 (AT IV, 220)〔知第六巻二六七頁〕。

(40) 一六四三年六月二十八日付エリザベト宛書簡 (AT III, 692)〔知第五巻三〇一頁〕。

第三章　神

神は哲学のうちに、「デウス・エクス・マキナ」〔古代ギリシアから近世ヨーロッパの演劇において、錯綜した事件や絶望的な状況に巻き込まれた登場人物を終幕で一挙に救う機械《マキナ》仕掛けの神《デウス》〕のように、つまり、学知の基礎を築くために要請される審級のように登場するのではない。その本性と存在を問うことは、〔人間が〕自己について〔反省的に〕認識するそのことから不可避的に導かれる。〔神という〕無限なものは、形而上学という行程の外部にあるのではない。むしろ、その核心に位置しているのであり、これを軸にすべては配される。「神の認識から始められるべきであり、次いで、他のすべての事物《もの》について〔私たちの持ちうるすべて〕の認識がこの一事に従属させられるべきである[1]」というのは、その意味においてである。なるほど無限なものは学知の対象ではあるが、やはりそれは、人々の崇拝と観想の対象となる神[2]にはちがいない。そしてこれこそが、無限なものの観念の独自性なのである。つまり、さまざまな観念のなかで最も判明で明晰〔に認識されるもの〕であると同時に、神的存在の決定的に非－一義的な特徴〔被造物と一義的に論じることができないということ〕をも表示している、ということである。「無限なものを取り上げる際は必ず自分をこれに従わせようとし、それがどのようなものであって、どのようなものでないかを決定しようなどとは絶対にしなかった[3]」と述べられているとおりだ。それでいてデカルトは、神の〔人間による〕知解可能性の肯定という前人未踏の道を進んでいく。もちろん、いかなる知性によってもその輪郭を定めることはできないのだが。いずれにせよ形而上学はこうして、矛盾と言っても構わないものをめぐって組織されることになる。すなわち、神の包括的には理解することのできない知解可能性をめぐってである。デカルトの形而上学を自然学の単なる侍者として格下げすること〔つまり自然学の基礎固めのために形而上学を使用すること〕は、キリスト教徒の神と哲学者の神を対立させる場合と同じく、神認識の整合性を捉え難くする。つまり、無限という神の本質に関する肯定的な理解と、この無限性を一つの概念のうちに抑え込むことの不可能性のあいだにある整合性である。私たちは神について思考するが、神はその思考に還元されるわけではない。神の属性として〔私たち人間に〕最初に指し示されるものの、つまり無限であることは、この属性に関係してくる包括的な理解の不可能性を介在させることによって、形而上学のまさに深部に啓示と信仰の領域を切り開くことになる。要するに、無限なものに関

（1）「第六反論に対する答弁」（AT IX-A, 231 ; VII, 429-430）〔白第二巻四九一頁〕。
（2）『省察』（AT IX-A, 42）。
（3）一六四一年一月二十八日付メルセンヌ宛書簡（AT III, 293）〔知第四巻二七三頁〕。

する形而上学はキリスト教のそれであり、デカルトが目指すのは護教論〔自分の宗教や信仰を批判から守り、その真実を明らかにしようとする試み〕である、ということだ[4]。

I　神の観念

デカルト研究はそのほとんどすべてが、デカルトによる神の存在証明を論じている。しかし、本質的な点はこの証明そのもののうちにはない。なぜなら、デカルトは証明に際して、形而上学のお決まりのやり方に従っているからだ。それゆえ彼の独創的なところは、むしろ行間を読まなければ、つまりこの証明のメカニズムを支えているものを捉えなければ、見えてこない。そしてそれは〔一言で述べれば〕、人間は実際に神の本質について肯定的に認識しうるという要請である。神の存在証明にはさまざまな方式がある。〔神の創造行為の〕結果から出発する〔ア・ポステリオリな〕証明、〔そのような結果から出発しない〕ア・プリオリな証明、神の力能を根拠にする証明、自己原因という概念に立脚する証明[5]である。しかし、これら新旧織り交ぜた言葉遣いでもって証明が組み立てられる過程で或る種の煙幕が張られるとしても、そこで見落としてはならないのは、神の諸属性を神の本質である無限性から導出する、という作業である。したがって、証明の仕組みがどうなっているかということ以上にはるかに決定的なのは、無限という観念なのである。〔人間精神の〕有限な知性のうちにこの観念が埋め込まれているということ、このことはそれ自体、神認識を意味する。そして、この観念は埋め込まれたものであるという事態を解明する作業が、伝統的に神の諸属性をめぐって行われてきた試論の代わりをなす。デカルトは述べる、「〔……〕この観念は、少なくとも私が知解しうるかぎりで、神のなんであるかということを私に知解させる。そして、真なる論理学の法則に則《のっと》るなら、どのような事物《もの》についても決して、予めそれがなん

(4)「パリ神学部宛書簡」（AT IX-A, 5）〔白第二巻一一頁〕では、「ラテラン公会議は〔……〕わざわざキリスト教哲学者たちに対し〔……〕極力真理を証明するように命じていますから、この書物のなかでそれを手がけるのを私は躊躇《ためら》わなかった」と述べられている。大勅書「アポストリチ・レジミニス」については、H・デンツィンガー〔Denzinger〕『カトリック信仰の象徴と定義〔*Symboles et définitions de la foi catholique*〕』（パリ、セール、一九九六年、一四四〇－一四四一番〔A・シェーンメッツァー増補改訂、浜寛五郎訳『カトリック教会文書資料集――信経および信仰と道徳に関する定義集』、エンデルレ書店、一九七四年、二六一－二六二頁〕）を参照のこと〔とりわけ一四四一番によれば「真理と真理は相反するものではなく、信仰に照らされた真理に反するすべての主張はまちがっているものであると定義する」〕。

(5) それぞれ「第三省察」（AT IX-A, 38-40 ; VII, 48-50）と『哲学原理』第一部第二二項（AT IX-B, 34 ; VIII-A, 13）、「第五省察」と『哲学原理』第一部第一四項（AT IX-B, 31 ; VIII-A, 10）、「第一反論に対する答弁」（AT IX-A, 91 ; VII, 116）と同上書（AT IX-A, 94 ; VII 119）、そして同上書（AT IX-A, 86-88 ; VII, 108-111）を参照のこと。

神の完全性のなんであるかを規定しようとする議論を可能にするのだ。「神の存在を証明するこのしかたであるかが知られていないかぎり、それが在るかは問われるべきではない」。[6] 無限という観念こそ、神の完全性のなんであるかを規定しようとする議論を可能にするのだ。「神の存在を証明するこのしかた〔すなわち神の観念による証明のしかた〕には大きな利点がある。それは、私たちがこのしかたによって同時に、神とはいったい何かを、私たちの本性の弱さにも許されるかぎりで知解することである」[7]。というのも、観念は「事物の本質を表象しているのであって、それに何かが付け足され、もしくはそれから何かが引き去られるとするならば、すぐにも他の事物の観念になってしまう〔……〕」。しかし、ひとたび真なる神の観念が抱懐されたのちは、まだ気づかれたことのなかったさまざまな新しい完全性が神のうちに発見されうるにしても、しかしだからといって神の観念が増加ないし増大されるのではなくて、ただ、いっそう判明に、いっそう明確にされるにすぎない」[8]。神の観念〔を判明かつ明確にすること〕によって人間の精神に課されるのは、その本質の内なる必然性を理解することである。「〔……〕存在するものとしてでなくては神について抱懐する（*cogitare*〔つまり思考する〕）ことが私にはできないということから、存在は神とは不可分離的であるということが、したがって、神は実際に存在するということが帰結する。といっても何もそれは、私の思惟が事物に或る必然性を課すからではなくて、逆に、事物そのものの必然性、つまり神の存在の必然性が、それ〔つまり神〕を抱懐するように私を決定するからである」[9]。この観念は人間が生まれながらに持っているものだが、だからといって、言葉という、知性の内部にしか存在しないものが意味するところの、あれこれの内容のことであるとは言えない。そうではなく、神の「真で不変な本性または本質、あるいは形相」を明示する。デカルトは述べる、「十分に事細かく私たちが神のなんたるかを探査したのちは、明晰かつ判明に私たちは、神は存在する、ということが神の真なる不変の本性に属することを抱懐する。ゆえに私たちはその時、神について真理をもって、神は存在する、ということを肯定しうる」(10)。なるほど、この観念が人間精神のうちに現存していることをもってすれば神の存在を結論づけられるとしても、それは、神と私《エゴ》が一義的に実体性を分有しているからなどではない。神だけが、実体という観念そのものを――しかも、これは無限という観念を前提にしている――私の〔精神の〕なかに置くことができたからであり、こうしてその観念の原因でありうるからである。私《エゴ》が実体であるのは、ただ派生的な意味においてでしかない。存在者とは、何よりもまず無限なものを意味するからである。(11)

---

(6)「第一反論に対する答弁」(AT IX-A, 85-86)〔白第二巻一三五頁〕。
(7)『哲学原理』第一部第二二項〔白第三巻四五頁〕。
(8)「第五反論に対する答弁」(AT VII, 371)〔白第二巻四四七頁〕。
(9)『省察』(AT IX-A, 53 ; VII, 67)〔白第二巻八八頁〕。
(10)「第一反論に対する答弁」(AT IX-A, 91)〔白第二巻一四三頁〕。
(11) 一六四九年四月二十三日付クレルスリエ宛書簡(AT V, 356)。ドゥンス・スコトゥス『オルディナチオ』第八区分六〇節から六五節を参照のこと。これは、前掲したブルノワの『ドゥンス・スコトゥス――神の認↓

神の観念を起点にその諸属性のなんであるかが規定されるのだから、それらは一覧表のうちに単に〔無秩序に〕掲載されるようなものではなく、それぞれのあいだには分かち難い〔有機的な秩序だった〕結びつきが認められる。そしてこの結びつきは、共通概念が明証的であることに比せられるほどのものである。「或る知性的な本性〔をしたもの〕が独立してあるなら、それを神と考えるのは、共通概念の働きです[12]」と述べられているように。こうしてデカルトの形而上学では、〔幾つかの著作のなかで神の〕同じ属性がすべて、しかもほぼ同じ順番で表明される。無限実体であること、至高の完全性を備えていること、全知全能であること――そこから創造者としての完全性が導かれる――、独立かつ永遠であること、そして変易しないこと、という属性である[13]。完全性は、それ以外の属性と同じように、無限と結びつけられるかぎりで意味をなす。デカルトによれば、「神は現実的に無限であって、その程度は、神の所有する至上の完全性には何も付け加えることができないほどに高い、と私は抱懐する[14]」。無限なものだけが完全と言われうる。無限であることが、〔あらゆるものから〕独立しているということに、そしてまた、存在することも含めて「あらゆる完全性」を「自分に付与する[15]」ということに相当するからである。完全性と無限性の結びつきが確かなものとなるのは、〔神は自分が存在していることの根拠を〕自己〔以外には求めない〕原因であるということを含めた、〔神の〕力能という属性のためである。デカルトは述べる、「私は正直に言うなら、〔……〕或る意味では自己原因であると言えるほど、それほど偉大で汲み尽くせない力能がそのなかにあるような或るものが存在しうるということを承認するのであって、神こそがそのようなものであると抱懐します[16]」。たとえ『省察』〔「第三省察」〕のなかで神が、「それより完全な何ものも、またそれと同等に完全なものさえも仮想されえない[17]」存在者として定義されるとしても、このことは〔「第五省察」が取り組む〕神の存在論〔本体論〕的証明[18]においてではないし、また〔十一世紀イギ

→識と存在の一義性について』（二二三―二二五頁）に引用されている。

(12) 一六三八年十一月十五日付メルセンヌ宛書簡（AT II, 435）〔知第三巻一二七頁〕。また、『精神指導の規則』第一二規則（AT X, 419）も参照のこと。「これらの共通概念は、他の単純本性を相互に結びつける一種の鎖のようなもので、私たちの推論によって到達する結論はすべてその明証性に依拠している」〔白第四巻七〇頁〕。

(13) 『省察』（AT IX-A, 32 ; 38）、『方法序説』（AT VI, 35）、そして『哲学原理』第一部第二二項。

(14) 『省察』（AT IX-A, 37）〔白第二巻六五頁〕。

(15) 「〔それみずからで存在しているものは〕あらゆる完全性を自分で自分に付与しただろう」（『哲学原理』第一部第二〇項（AT VIII-A, 12 ; IX-B, 34）〔白第三巻四四頁〕）。

(16) 「第一反論に対する答弁」（AT IX-A, 86）〔白第二巻一三六頁〕。

(17) 『省察』（AT IX-A, 38 ; VII, 48）〔白第二巻六六頁〕。

(18) 〔訳注〕『省察』によれば、「私」は神すなわち「最高に完全な存在者」の観念を持っている、ところでこの存在者の本性には「つねに存在する」ということが含まれているのを「私」は明晰かつ判明に理解する、それゆえ神は存在する、という証明のやり方。カントによって学問的論証としては認められないとして批判された。

リスの神学者・哲学者〕アンセルムス〔による神の存在証明〕の議論の焼き直しとしてでもない。それどころか、神をかような存在者として呼ぶことは、〔『第三省察』において〕結果から〔神の存在をア・ポステリオリに〕証明するという方式を新たに切り開くものであり、デカルトの形而上学のなかでもいっそう斬新なところを参照する〔よう私たちを促す〕。つまり、神は「それよりもいっそう大きなものが抱懐されえないところのもの」であるなら、それは、神が自己原因として、「あらゆる完全性を現実的に所有する」[19]力能を備えているからだ、ということである。アンセルムスは何も証明していない。彼が行っているのは、神は存在するという文章を構成する一つひとつの単語を、いっさいの媒介物を立てることなく直接的に理解することだけを通じて、神の存在はそれ自体で明証的な真理であると強調することである。「それゆえ、神のなんであるかを理解している者は、神が存在しないと考えることができない[20]」。デカルトが目指すのは、まったく別のことだ。つまり、神の無限性から必然的に導き出される事柄として、この〔神の〕存在が〔私たちの経験によらずに〕ア・プリオリに証明できると主張することである。また、自分の証明のやり方には、トマス・アクィナスが〔アンセルムスの〕『プロスロギオン』に対する異議申し立てとして定式化した「論理的批判」は当たらない、と示すことでもある。そこで彼はどうするかと言うと、実はトマスとの不一致が最も大きくなるところで、しかしトマスとの一致を〔読者には〕信じさせる、という偽りの譲歩策——これは彼の得意技——に打って出るのだ。こうして〔ひとまずトマスに倣って〕次のように主張する——アンセルムスの議論において、〔神について〕思考することから〔神の〕

存在〔の断定〕へと移行するのは実際のところ不適切である、と。しかし、彼がそのように認定する時の根拠は、実は〔アンセルムスを批判する〕トマスのそれではない。それどころか、徹底的に反トマス的なのである。トマスによれば、アンセルムスの証明は神という名称の定義〔つまり意味内容〕に立脚するものである以上、〔この神について〕思考することから、〔その〕存在〔の断定〕へと移行するのは根拠がない。それではデカルトの証明はどうかと言えば、神という名称の単なる意味内容を担保に入れるものではなく、神の本質をそれ自体の在り方に即して認識することを要請する。「私の論証は次のようなものでした。明晰かつ判明に私たちが、或る事物の真で不変な本性または本質、あるいは形相（*rei veram & immutabilem naturam, sive essentiam, sive formam*）に属すると抱懐するものは、その事物について真理をもって言表ないし肯定されうる。そして〔……〕明晰かつ判明に私たちは、神は存在する、ということが〔その〕真なる不変の本性に属することを抱懐する。ゆえに私たちはその時、神について真理をもって、神は存在する、ということを肯定しうる」[21]。神の観念は、〔人間精神の〕有限な知性の考察対

(19)『省察』〔第三省察〕（AT IX-A, 39）〔白第二巻六八頁〕。
(20) ラテン語原文では、*Nullus quippe intelligens id quod Deus est, potest cogitare quia Deus non est* となっている（『プロスロギオン』第四章（A・コイレ〔Koyré〕訳、パリ、ヴラン、一九九二年、一七頁〔古田暁訳、『アンセルムス全集』、聖文舎、一九八〇年、一五五頁〕））。

象ではあるが、神の無限な本質を実質的に表現している。そしてその点で、〔神の存在に関する〕あらゆる証明の基礎をなし、デカルト形而上学の本当の意味で革新的なところを示す目印となっている。

ア・プリオリな証明では、〔神の〕この観念が〔人間精神に〕生得的なものであることによって、神の存在が単なる想定に留まるのではなく、証明されたものであることが保証される。しかも、それ以外のすべての属性と必然的に結合しているものとして証明される。「つねに現実存在が神のそれ以外の属性と必然的に結合していると私たちが明晰に抱懐する（*intelligamus*〔知解する〕）ことから、神は必然的に存在することがまさに帰結する」[22]と述べられているように。ア・ポステリオリな〔つまり経験による〕証明では、神の観念によって、私たちが〔被造物であるという結果から出発して最終的に〕辿り着く第一原因は神であることが、すなわち無限な、ということはこのうえなく完全な存在であることが、確認される。[23]デカルトに寄せられた反論（「今もし或る事物がそれ自体から、すなわち他のものからではなく、存在するならば、このことをもって［……］それが無限であることをあなたはどのように証明できるのでしょうか」[24]）については、自己原因という概念にはっきりと訴えることで、「私〔の存在〕を保存する第一原因が認められるとしても、私が実際に神の観念を持っていなければ、私はその第一原因が神であると言うことができない」[25]と応答している。反対に〔人間のような〕有限な存在は、〔他のものに〕依存していること、そして不完全であることを特徴とする。「何か自分より完全なものを認識している者は、それみずからによって存在しているのではない（*a se non esse*）――〔もしそれみずからで存在しているとすれば〕そのような者は、みずからそれについて認識しているあらゆる完全性を自分で自分に付与するだろうから――ということ、したがってまた、そのような者は、みずからのうちにそれらの完全性のすべてを備えているようなもの、すなわち神以外によっては存在できないということが〔自然の光によって〕明らかだ(26)」と述べられているとおりである。ここでは、神を私がそうではないところのものによって〔否定的に〕定義することが問題になっているのではない。むしろ、神はなぜそうであるのか、つまり無限

---

(21)「第一反論に対する答弁」（AT IX-A, 91 ; VII, 115-116）〔白第二巻一四二―一四三頁〕。

(22)同上書（AT IX-A, 92 ; VII, 116）〔白第二巻一四四頁〕。

(23)ルソーは、〔神による創造の〕結果から神の存在を証明するというデカルトの議論を福音書に適用して、それが神に起源を有することを証明しようとしている。『エミール』では「福音書にはあんなにすぐれた、あんなにはっきりした真理のしるし、だれにもまねることのできない真理のしるしが見られるのだ。だから、それを創作した人はそこに語られている人よりもさらに驚くべき人だということになるだろう」（ガルニエ＝フラマリオン文庫、パリ、フラマリオン、一九六六年、四〇三頁〔今野一雄訳、中巻、岩波文庫、二〇〇七年（改版）、二七四頁〕）と述べられている。

(24)「第一反論に対する答弁」（AT IX-A, 76）〔白第二巻一二一頁〕。H・グイエ〔Gouhier〕『デカルトの形而上学的思想〔*La Pensée métaphysique de Descartes*〕』（パリ、ヴラン、一九八七年、一七一頁）も参照のこと。

(25)一六四四年五月二日付メラン宛書簡（AT IV, 112）〔知第六巻一五一頁〕。

(26)『哲学原理』第一部第二〇項（AT VIII-A, 12）〔白第三巻四四頁〕。

にして完全であるのかを、肯定的に規定しようとするのだ。とはいえ、デカルトが提示する神の〔存在〕証明が神の無限性に迫るものだからといって、命題学〔真偽の判断が下せる命題についての理論〕を採用したり、語りえないものについて語ったりすることを余儀なくされるわけでは決してない。デカルトの証明は、無限なものについて抱かれる徹底して肯定的な観念――これによって神の本質が明示される――に立脚するがゆえに、〔神の〕諸属性のいずれについても、その根拠がこの証明によって与えられる。デカルトは述べる、「〔神〕は、それみずからに由因して〔それ自体から〕在るということ、言うなら神はそれみずからとは別個のいかなる原因も有さぬということ、このことが、無にではなくて、神の力能の実在的で真なる広大さに由因していると私たちは知得するのですから、神は自己そのものに対して作動因がその結果に対するのと或る意味では同一の関係に立ち、したがって神は積極的に自己自身に由因してあると考えることがおよそ私たちには許されるのです[27]」。つまり神的存在は、この積極的な自存性《アセイテ》〔神学用語。存在の根拠を自己に置き、他の何ものにも依存しないこと〕のために、永遠という形姿をとって現れるだけでなく、自分自身に「永続的に現前する」ものとして現れる、つまり、無限実体であるがゆえに自分〔が存在していること〕の原因として自分自身に働きかける、ということである[28]。

デカルトは、悪気がないかのように振る舞いながらも、トマス・アクィナスの不利になるようにアリストテレスを動かすことで、神の存在証明において神の生得的な観念に立脚することは「まさに論点先取ではありえず、アリストテレスの場合においてすら、あらゆる証明方法のなかで最も完全なもの、すなわち事物の真なる定義が中項として採られる方式である」[29]と主張している。デカルトの証明は、それ自体が神に関する認識をなすのである。というのも、存在という〔神の〕属性がそうであるように、〔この証明においては他の〕すべての属性が以下のように規定されるから。つまり、それらは神の本質のうちに、論理学の用語で言えば含意されている、ということをもってして。要するに本質とは、属性にとっての前提〔根拠（raison）〕なのである。あるいは、神の本質は神の諸属性にとっての形相的な原因[30]をなす

(27) 「第一反論に対する答弁」（AT IX-A, 88）〔[白]第二巻一三八頁〕。
(28) 前掲したベサードの『デカルトの第一哲学』（三〇三頁）を参照のこと。また、「第一反論に対する答弁」（AT IX-A, 88）によれば、「自己の外に存在する事物《もの》を保存するというほど、それほど大きな力能を備えた原因は、「それだけいっそう自己に固有な力能によって自己自身を保存するのであって、かくてはそれみずからに由因してある」〔[白]第二巻一三九頁〕。
(29) 一六四一年六月十六日付メルセンヌ宛書簡（AT III, 383）〔[知]第四巻三五二頁〕。これと反対の見解については、トマス・アクィナスの『対異教徒大全』（第一巻第一二章〔「神の存在は証明されえず、信仰によってのみ保持されると主張する人々の意見について」（岩田靖夫訳、岩崎武雄・齋藤忍隨編『原典による哲学の歩み』所収、講談社、一九七四年、一八三―一八六頁／酒井瞭吉訳、前掲書、四一―四四頁）〕）、ならびに『神学大全』第一部第二問題〔「神について――神は存在するか」〕第二項〔「神が存在するということは論証の可能な事柄であるか」（高田三郎訳、『神学大全』第一冊、創文社、一九六〇年、三九―四二頁）〕を参照のこと。
(30) 「第四反論に対する答弁」（AT IX-A, 182-183）、また、同上書「みずからに由因してあるものは、言わば→

すという因果律をもってして。ただし、すべての完全性はいずれも神の観念を――〔繰り返しになるが〕観念は神の本質を無限なものとして表象する――をまず知解することをもって私たちに知られるかぎりで、〔ここで言う〕原因とはやはり前提のことを意味する。そうなると、デカルトによる神の存在証明はいずれも〔究極的には〕存在論〔本体論〕的だ、ということになる。なるほどその存在証明の内部構造に傾注することは、木を見て森を見ずと同じようなものだが、有限な存在には無限な存在の認識が可能だと肯定することにはつながる。無限は、神的なもろもろの完全性の原因なのか、あるいは前提なのか、いずれにせよ、これによって神の認識は体系にまで高められる。しかしこのことは、〔認識主体が自己に課す〕省察的熟考という形式〔の修練〕と相容れないわけではない。デカルトはむしろ反対に、自分の形而上学を幾何学的な方式で〔、そしてそのかぎりで省察的熟考という叙述スタイルをとらずに〕素描した箇所〔つまり「第二反論に対する答弁」〕においてさえ、体系にまで高められた神の認識と省察的熟考という形式が不可分であることを強調している。デカルトは述べる、「形而上学に属する問題に関して言うなら、何よりも骨が折れるのは、第一の知見を明晰かつ判明に抱懐することに他なりません。なぜなら、それらは本性上〔……〕、幾何学者によって考察されるものに劣らず明晰に知られるものですが、しかしながら、それらにとっては、幼少の頃から私たちが感覚を通じて受け容れてきた多くの先入見は相容れぬものですから、きわめて注意深い（*attentis & meditantibus*）、そして精神を感覚のやりとりから可能なかぎり遠ざける〔、つまり省察的熟考という修練に取り組む〕人々によってしか、それらは完全に理解されることがないのです。実際のところ、形而上学に属する問題は単独で措定された場合、容易に否定されてしまうことでしょう[31]」。認識が形而上学的な次元のものである時、つまり〔感覚にも想像にもよらずに〕「純粋に知性によってのみ理解される[32]」対象に関するものである時、この認識は例外なく、省察的熟考という〔、精神の〕使われ方をする。ということは、無限を認識しようとするなら、省察的熟考は不可欠なものとして課されるのである。

II 神の認識

神は、それ以外のものと同様に〔認識〕対象の一つであるが、それ以外のすべてとは共通の尺度がないため、比較することができない。なるほど神は、明晰かつ判明なしかたで認識されるが[33]――それどこ

→形相因に因るかのようにしてある、言い換えるなら、作動因を必要としないような本性を備えている」（AT IX-A, 184〔白第二巻二八七頁〕）。

（31）「第二反論に対する答弁」（AT IX-A, 122-123 ; VII, 157）〔白第二巻一八九－一九〇頁〕。

（32）『哲学原理』第一部第七三項〔のラテン語原文にはないフランス語訳における追加〕。

ろか認識対象のなかでも認識が最も可能なものとされる——、しかし無限であるために、それ以外のすべての対象とは根本的に異他なものとされる。そうすると、神について評定することは、知性の主要な操作である帰納と演繹[34]とは別の操作になるのか。しかし私たちは、神の本質からその完全性を一つずつ演繹するではないか。しかも、デカルトが演繹という言葉に与えた厳密な定義に従ってそうするではないか。彼は述べる、「〔ここに言う演繹とは、〕確実に認識された或る別のものから必然的に結論されるすべてのものを意味している。しかし、これには然るべき理由があったのである。なぜなら、〔推論における〕一つひとつの項を明断に直観してゆく連続的で決して中断されることのない思考の運動によって、真であってしかも既知である原理から演繹されるというだけで、大半の事物《もの》が、それ自身は明証的でなくても、確実な認識の対象になるからである[35]」。神の属性が枚挙の対象になることは決してない。なぜならデカルトによれば、枚挙は帰納に関連づけられる方法だからである。「私たちが多くのそして別々の(*multis & disjunctis*)命題から推論を行う場合、私たちの精神の能力はしばしば〔この推論を構成する〕諸項のすべてをただ一つの直観によって把握しうるのに十分ではない。この場合には、知性はこの〔十分な枚挙もしくは帰納の〕操作の確実性で満足すべきである[36]」と述べられているとおりである。しかし神の完全性に関する諸命題は、それほど沢山あるわけでも弁証法的な(*disjunctis*)わけでもなく、その反対に、それ自体で明証的である。「いったい何が、神が在るということ、つまり、このうえもない完全な存在者がいるということ、言うなら、その観念のうちには必然的な、あるいは永続的な存在のみが含まれ、その結果、〔実際に〕存在するところの存在者がいるということ、このことよりも、自ずからしていっそう明晰で明白であるか（*nam quid ex se est apertius*）」[37]。さらに踏み込んでデカルトが主張するところによれば、なるほど神の属性を認識することにはそれ固有の論証的性格が認められるが、省察的熟考が無限に関する直観において頂点に達する時、この性格は消え去ってしまう。「〔魂はまったく非物体的な存在者すなわち実体であり、その本性は考えることでしかないということに関する〕この省察的熟考に十分な時間をかけて留まれば、知的本性一般に関するきわめて明晰で、あえて言えば直観的な認識が少しずつ獲得されますが、その観念は、限定なしに考察されるなら私たちに神を示す観念です」[38]と述べられているのは、その意味においてである。ここでもまた形而上学は、無限なものに関する、なるほど論証的ではないがそれ自体で明証的な知解に帰着しうるにちがいないわけだから、「デカルトの

(33) 無限なものの観念は、「別けても真であり、別けても明晰かつ判明である」（『省察』（AT VII, 46〔白第二巻六四頁〕））。
(34) 『精神指導の規則』第三規則（AT X, 370）。
(35) 同上書（AT X, 369-370）〔白第四巻二一頁〕。
(36) 同上書第七規則（AT X, 389）〔白第四巻四一頁〕。
(37) 『省察』（AT IX-A, 55 ; VII, 69）〔白第二巻九〇頁〕。
(38) 一六三七年三月（?・）のシヨン（?・）宛書簡（AT I, 353）〔知第一巻三四六－三四七頁〕。

剃刀《かみそり》」はその効果を発揮していると言える。デカルト曰く、「私は、彼ら［読者］が長く、このうえもなく完全な存在者の本性を観想することに沈潜されるよう要請する。［……］なぜなら、独りこのことのみよりして、なんらくだくだしく議論しなくとも、彼らは神が存在することを認識するだろうから[39]」。それなのに、哲学はいつも議論で溢れかえっている。

しかし直観〔intuition〕という言葉には、神学用語である至福直観[40]とは対立する、厳密に認識論的な意味合いが込められている。デカルトによれば、「或る人々が直観という単語の新しい意味に驚くことのないように［……］、ここで私は次のような一般的な注意を与えておくことにする。同じ単語を使ってまったく別のことを考えるのはきわめて困難だろうから、最近学校において或る言葉がどのように使用されていたかについては、私は少しも考慮を払わない、ということである[41]」。直観的に神を認識するというのは、〔感覚を通じて与えられる〕さまざまな像《イメージ》の影響下にはもはやない精神にとっては、無限なものについて観念を持ち、かつ、神の完全性について認識する、というのとほぼ同じことである。デカルトは述べる、「必然的な存在が神のうちにある、つまり神が存在すると言表することは、真である。［……］［この］結論は、先入見から解放された人々には、証明なしに知られうる（*per se nota*）[42]」。しかしこの認識は、なるほど論証に基づいたものではないが、つねに観念を用いてなされるのであり、しかも、私たちの精神は有限であるという制限のもとでなされる。「私たちが無限なものについて有する観念は［……］、〔実際に〕無限なものの全体を、それが人間的観念によって表象されるべきしかたにおいて〔……〕表象する」[43]と述べられているとおりである。つまり、無限なものに関する認識は直観という形式をとるからといって、直観〔simple vue〕に基づく証明では決してないのである。なぜなら直視は、観念という媒介物なしになされるから。しかもその観念は、有限な精神の一様態である――「あなたもよくお分かりのように、神自身によって神を認識すること、すなわち、私たちの精神に対する神性の無媒介的な照明によって認識することは〔……〕、一つの属性から別の属性へと推理するために、神の或る一つの属性についての自然的な認識〔……〕を利用する、というのとはまったく別のことなのです[44]」。

---

(39)「第二反論に対する答弁」（AT IX-A, 126）〔白第二巻一九九頁〕。
(40)〔訳注〕原語は vision béatifique で、これはスコラ神学用語 *visio beatifica* に由来する。人間による神認識は、概念などの媒介物を立てるか、あるいは神の働きかけによる場合でも、なんらかの媒介物を立てて間接的に行われるのが通常であるが、「至福直観」においては、そのような媒介物がいっさい立てられずに、神が知性を引き寄せることで神認識が成立するとされる。
(41)『精神指導の規則』第三規則（AT X, 369）〔白第四巻二〇頁〕
(42)〔訳注〕「第二反論に対する答弁」（AT IX-A, 129）〔白第二巻二〇三頁〕。
(43)「第五反論に対する答弁」（AT VII, 368）〔白第二巻四四四頁〕。
(44)一六四八年三月ないし四月のシヨン（?）宛書簡（AT V, 139）〔知第八巻三三三頁〕。

III　包括的には理解不能なものとして知られる神

無限なものは明晰かつ判明な認識の対象であるが、包括的な理解が不可能であることには変わりない——「無限であるかぎりの無限はなるほどいかなるしかたでも包括的には理解され（*comprehendi*）はしませんが、しかし［……］それにもかかわらず知解される（*intelligi*）」[45]。神に関する認識を深めれば、それだけいっそう神について包括的な理解の叶わないことが分かる。なぜなら、「もし私たちが無限なものを包括的に理解しえたのであれば、それは無限ではなくなるでしょう」[46]から。神をその無限性において、つまりその神性において認識するからといって、概念化〔つまり抱懐〕という作業が行われるわけではないのである。「神があらゆる事物《もの》の作者である［……］ということを私は知っております。私はこのことを知っていると言い、抱懐するとも包括的に理解するとも言っておりません。というのも、有限である私たちの魂は神を抱懐したり、包括的に理解したりすることはできないにもかかわらず、神が無限で全能であるということ自体は知ることができるからです。［……］包括的に理解するとは、思考によって包み込むことですが、或ることを知るには、思考によって触れるだけで十分だからです」[47]と述べられているとおりである。ここに見られるのは、認識と包括的な理解を区別するアウグスティヌス的な思想である。珍しいことにデカルトは、このヒッポ〔当時、カルタゴに次ぐ北アフリカ第二の都市〕の司祭にこの点で借りのあることを一度だけ告白している。そのアウグスティヌスによれば、「神は言い表せないと言われる時、すでに何か或ることが言われているのであるから、まさにこのゆえに神は言い表せないと言ってはならない。そしてここになぜか、形容矛盾が生ずる。〔というのはもしも言い表すことができないものが、「言い表せない」と言われるとしたら、少なくとも言い表せないと言うことができるのだから「言い表せない」のではない。〕こういう形容矛盾は、言葉で鎮まらせるよりも黙って通りすぎるほうがよい(48)」。

神は包括的には理解されえないということは、理性の失墜を意味しない。むしろ、理性に対する最大限の働きかけである。こうして理性は、失墜という事態を克服しつつ、その辿り着けるところまで押し上げられる。デカルトは述べている、「神の個々の完全性について注意深く考察する人々、そして、それらを〔包括的に〕理解する〔つまり摑み取る〕ためではなく（*non capere*）、むしろ、それらについて感嘆し、それらはあらゆる〔包括的な〕理解をどれほど超え出るものかを確認するために、自分の精神のす

(45) 〔訳注〕「第一反論に対する答弁」（AT VII, 112）（白第二巻一四〇頁）。
(46) 一六三〇年四月十五日付メルセンヌ宛書簡（AT I, 147）〔知第一巻一三六頁〕。
(47) 一六三〇年五月二十七日付メルセンヌ宛書簡（AT I, 152）〔知第一巻一四一頁〕。
(48) 『キリスト教の教え』第一巻第六章六〔加藤武訳、『アウグスティヌス著作集』第六巻、教文館、一九八八年、三四頁〕。デカルトの注釈については、AT III, 284 を参照のこと。

べての力を捧げて、それらを観想することに専念しようと努める人々は、私は申し上げますが、まさしく神のうちに、いかなる被造的な事物のうちにおいてよりも、明晰かつ判明な認識のはるかに豊かで容易な素材を見つけ出すのです[49]」。神はまさしく神だからこそ認識されえない、などと言うのではない。それどころか、神認識はその無限性を対象とするかぎりで、神への熱烈な崇拝〔adoration〕になる[50]。こうして、無限なものについて十全に認識することは、あたかも神が認識するように認識したり、あるいは神があらゆる事物の本質を見るように神のうちにこの本質を見たりすることを意味するようになる。むろん神は、あらゆる事物の創造因であるかぎりで、独りあらゆる事物について十全な認識を有する。「被造的な知性のほうはと言えば、おそらく、実際に多くの事物の無瑕《むか》で完全な（*adæquatam*）認識を有してはいるでしょうが、よしそうだとしても、知性はみずからがそれらを有していることを、神が〔そのことを〕知性に対して特別に啓示するのでないかぎり〔……〕知ることはできないのです。というのは、〔……〕神がその事物のうちに知性の認識しているところ以上のものは何も措定しなかったと〔……〕知るということ〔……〕、そのことのためには、知性の認識能力が、神の無限の力能に匹敵するものであることが必要なのであって、このことはまったく不可能であるからです[51]」。無限なものについて概念上は包括的に理解できないということ、これは、無限なものを認識する際の統制的原理として機能する。デカルトは述べる、「私たちは、神の完全性と属性を抱懐するのではなく、知解するのです。しかし、私たちがそれらを抱懐する場合には、無限定なものとしてそうするのです[52]」。神の属性とその作用を――とりわけ、非決定にして必然的な在り方をしたその自由を――判明に規定できるのは、神を包括的には理解しえないものとして認識するかぎりにおいてである。「どういうふうに神はただ一つの働きによってすべてを理解するのか、どういうふうに神の裁定は神と同一であるのかを、私たちは抱懐するのではなく、知解するのです(53)」。となると、〔創造者と被造物の関係性を示す〕類比《アナロジー》であるとか、一義性や多義性といった伝統的なカテゴリーをデカルトの形而上学に適用することはできないし、また、神の認識に関して肯定的な道や否定的な道というものを論ずるのも無理である。「私たちが神のうちに、そして自分たちのうちにあると抱懐するもののどれ一つとして〔……〕学院において一義的にと名称されているしかたで神と私たちに当てはまるものはない、ということを、私たちは認知します(54)」と述べられ

---

(49)「第一反論に対する答弁」（AT IX-A, 90 ; VII, 113）〔白第二巻一四一頁〕。引用に際して〔ラテン語原典のフランス語への既存の〕翻訳を訂正した。

(50)「第三省察」において、直観する（*intueri*）という術語は神認識の手段をめぐる認識論的問題に関わり、愛する（*adorare*）という術語は愛と祈禱の類義語であることに留意せよ。

(51)「第四反論に対する答弁」（AT IX-A, 171 ; VII, 220）〔白第二巻二六九頁〕。

(52)『ビュルマンとの対話』（AT V, 154）〔白第四巻三五一頁〕。前掲したベサードの『デカルト、秩序に沿って』（一三三―一六七頁）を参照のこと。

(53)『ビュルマンとの対話』（AT V, 154）〔白第四巻三五一頁〕。

るゆえんである。このような主張には幻滅させられるかもしれないが、かつて誰も進もうとしなかった道に自分は踏み出していくのだ、というデカルトの確信が示されてはいる。

彼はさらに、〔神の〕包括的な理解の不可能性に別の意味を与えてもいる。これは注釈家たちによって指摘されることの滅多にないものである。彼によれば「なるほど、〔このうえなく完全で無限な存在者の〕この観念はまた別けても明晰かつ判明である。というのは、明晰かつ判明に私の精神が、実在的にして真であると抱懐する（*percipio*〔知得する〕）かぎりのものは、そして、〔私には未知なるべき〕なんらかの完全性をそのうちに含んでいるかぎりのものは、いずれもそっくりこの観念に含まれているからである。私が無限なものを包括的に理解していないということは、あるいは、包括的に理解することも、もしかすると思惟によって触れることさえも、どうしても私にはできない（*nec forte etiam attingere cogitatione*）他の無数のもの（*alia innumera*）が神のうちに見出されるということすらも、その反証とはならないのである」[55]。神が無限であることは、神について包括的な理解が無理であることを含意するのみならず、その属性の幾つかも認識されえないことを意味する。もし神の属性の幾つかについては何も思考しえないに等しいとしたら、それは、当の属性の意味内容を合理的には導き出すことができない、ということだ。つまり、無限なものに関する明晰で判明な観念は、神の全属性に到達するための鍵ではないのである。「また私たちは、神に関する〔……〕明晰かつ判明な観念を有することはできる。ただしその場合、この観念が神のうちにあるすべてを十全に表示しているなどと想定してはならない[56]」。無限というのは、概念とか形而上学のうちには収まりきらない。デカルトは述べる、「私は、神のうちには私が明晰に理解している完全性のすべてがあり、さらに私が摑み取ることのできない他のいっそう多くの完全性があると判断していれば、〔……〕残るは、神は私によっては摑み取られる（*comprehendatur*〔包括的に理解される〕）ことはないというそのことを理解するだけで十分なのです[57]」。これら多くの完全性は、認識対象ではなく、啓示によって私たちに知られる。「もし〔神〕が私たちに、あるいは私たち以外のものに、私たちの精神の通常の力を超えるような何か――たとえば、受肉や三位一体の秘義がそうである――を啓示してくださることがある場合、たとえそれらを明晰に理解することがないにしても、私たちはそれらを信ずることを拒みはしないであろう。というのも、あるいは神の広大な本性のうちに、あるいは神によって創造されたもののうちに、私たちの能力を超える（*captum nostrum excedant*）ものが数多くあることを、私たちは決して異様と見なしてはならないから[58]」。無限なものは形而上学の内部を穿《うが》ち、信仰という超自然的な場を開く。哲学が対象とする神は

(54)「第二反論に対する答弁」（AT IX-A, 108）〔白第二巻一六八―一六九頁〕。
(55)『省察』（AT IX-A, 37 ; VII, 46）〔白第二巻六四頁〕。
(56)『哲学原理』第一部第五四項（AT IX-B, 48 ; VIII-A, 26）〔白第三巻六二頁〕。
(57) 一六四九年四月二十三日付クレルスリエ宛書簡（AT V, 356）〔知第八巻一九六頁〕。

無限であるため、実に、三位一体の神にして受肉した神、使徒たちの神にしてイエス・キリストの神でもある[59]。なるほど、形而上学の範疇に含まれるものと啓示によってもたらされるものが重なり合うことはありえない。たとえ形而上学の真理と啓示の真理は矛盾しないとしても、そうだと言える。無限なものは哲学者にとっての神のことである、とされるのは、私たちが無限なものについて概念化の作業を行ったつもりでいる時だけである[60]。

またこれが、神に関する哲学的な認識は救済をもたらしえないことの理由でもある。「〔神は〕すべからく善であるとか、全能であるとか、すべて真であるとか等々のように自然理性によって認識されることは、不信仰の者たちに信仰を受け容れさせるための準備としてよく役立ちうる」としても、「彼らを天国に到達させるのに十分である」とは言えない。そしてその根拠は完全に〔キリスト教における〕教義に合致している。なぜなら「そのためには、イエス・キリストを信じなければならない[61]」から。〔人間が理性をもって〕神について自然的に認識することは、その存在の確実性の根拠を示しはするが、恩寵については話は別である。「私は、自然理性によって神が存在することを認識しうると言っておりますが、だからといって、この自然的な認識がそれ自体で、恩寵なしに、天国に達しうる超自然的な栄光に値するとは言っておりません。なぜなら反対に、この栄光は超自然的なのですから、それに値するためには自然を越えた力が必要なのは明らかだからです[62]」と述べられているとおりである。哲学は救済をもたらしはしない。しかし、哲学が無限なものについてもたらす認識は、たとえ不完全なしかたではあるにしても、信仰によって約束された至福のことを予感させる。[63] こうして形而上学的省察は、精神に「火をともし」、「悦楽」と浄福を与え、身体と同じように魂をも「暖める」ことができる。無限なものとは、むろん知性によって抱かれる観念〔の対象〕ではあるが、それはまた最も「激しい情念」[64]〔を心のうちに引き起こすの〕でもある。無限なものへの「崇拝」は、理性の無力状態を確認したうえでなされるのではなく、むしろその反対に、理性によって判明に認識されるかぎりで生ずる。理性は、無限なものの崇拝へと誘《いざな》われるわけだ。デカルトは述べる、「然るべく神を知る者は誰でも、神を讃《たた》えぬことも、愛を抱かぬこともできません〔……〕。このことは、神の認識から始められるべきであり、次いで、他のすべての事物について〔私たちの持ちうるすべて〕の認識がこの一事に従属させられるべきであるだけに、いっそうそうなのです。私はそのことを自分の『省察』のなかで説明しておきました[65]」。こう見てくると、

(58) 『哲学原理』第一部第二五項（AT VIII-A, 14）〔白第三巻四六頁〕。
(59) 「第六反論に対する答弁」（AT IX-A, 241）を参照のこと。
(60) 一六四七年二月一日付シャニュ宛書簡（AT IV, 607-608）。
(61) 一六四二年三月のメルセンヌ宛書簡（AT III, 544）〔知第五巻一四二頁〕。
(62) 同上書簡（AT III, 544）〔知第五巻一四一－一四二頁〕。
(63) 『省察』（AT IX-A, 42）。
(64) 一六四七年二月一日付シャニュ宛書簡（AT IV, 610）〔知第七巻二四二頁〕。

無限なものを主軸に展開される形而上学の逆説とは、形而上学が、包括的には理解しえない〔無限なものという〕支えのうえに学知を構築するものであることと、〔この無限なものに関する〕認識をもたらすかぎりで信仰への道を切り開くものであることのあいだに求められるのである。

---

(65)「第六反論に対する答弁」(AT IX-A, 231(『パウロのコリントの信徒への手紙一』八:三〔デカルトは、新共同訳聖書から引用するなら「神を愛する人がいれば、その人は神に知られているのです」という文章を、おそらく誤解して、あるいは故意に「神を愛する人がいれば、この方(つまり神)は、その人によって知られているのです」と引用している〕))〔白第二巻四九〇-四九一頁〕。また、『省察』(AT VII, 52)も参照のこと。

第四章　デカルトによる合理主義

I　このうえなく誠実な神

無限ということから神の存在がひとたび導き出されたら、ついでこの演繹の連鎖のもと考察される神の「第一の属性」は、「このうえなく誠実な（*summe verax*）」というそれになる。しかもそのような「神が私たちを欺くということはありえない」[1]。私たちの観念の実在性は、神によってこの観念が「私たちのうちに置かれた」ことに由来するわけだが、この神は無限にして完全であるため、「このうえなく誠実（*summe verax*）」[2]であり、かつ、それ以外ではありえない。このことから帰結するのは、「あらゆる知識」の真理性は「ひとえに〔このような〕神について持たれる真なる認識に依存[3]」し、また、「もし

(1)『哲学原理』第一部第二九項（AT VIII-A, 16）〔白第三巻四九頁〕。
(2) この表現は、『方法序説』のラテン語訳からとった（AT VI, 563）。
(3)『省察』（AT IX-A, 56）〔白第二巻九二頁〕。

神がそのように定めなかったとすれば、人々が永遠と名づけている真理［……］ですら［……］真なるものではありえなかったでしょう[4]」、ということである。神の誠実さのおかげで、「私たちがきわめて明晰かつ判明に抱懐するものはどれもみな真だ[5]」という私たちの確信は決定的なものになる。ただし、この誠実さという属性が導き出されるしかたはきわめて凝縮したものであるだけに、その濃密さには驚かされてしまう。というのもデカルトによれば、「神は、私たちの精神によって〔包括的に理解し尽くすことはできないが、しかし〕なんらかのしかたでその観念が持たれるところの、このうえない完全性のすべてを有している［……］。これらのことから十分に、神が欺く者ではありえない、ということは明らかである（*patet illum fallacem esse non posse*）[6]」とされるから。神の誠実さは、それ以外の完全性と同様に無限なものの観念から導き出される。もし無限であるということが存在を意味するなら、この無限なものが非－存在に向かうことはありえない[7]。それは、神の能力には限界があるどころか、全能である、ということとの表現だとされる。つまり、その本質からして無限な神は自分自身に対して、存在することの根拠とあらゆる完全性を付与するのであって、このことより、神が虚無へ向かい、そのために誠実でなくなる、ということはありえないのだ。また「最良の方法」は、神の諸属性から出発してその帰結を検証することに、つまり、私たちが理解するかぎりでの真理とその根拠である神の全能――その具体的な現れは、誠実さ、不変さ、そして公平さである――を結びつけることに存する。「神の本性に関する認識から、神によって創造された事物《もの》の説明へ移ろうと努力するならば、おそらく私たちは真理を発見するために役立てうる最良の方法に従うだろう。そして、私たちの魂のうちに本性的にある諸概念からそのようにそれ〔つまり真理〕を演繹するなら、最も完全な学問を獲得することになる、つまり、原因から出発して結果を認識することになる」と述べられているとおりである。[8]

神について明晰かつ判明な観念が入手されるまでは、〔「或る古くから」ある「意見」によれば〕神が全能であるということは、神は好き勝手に振る舞うことと同義的であったし、人間が有する学知は神の善性をもってしても、その全能のために脅威に晒《さら》されるかもしれないという懸念を払拭することはできなかった。このような神学的筋書きは、「第一省察」のなかで紙面を割いて展開されているが、デカル

(4) 一六三八年五月二十七日付メルセンヌ宛書簡 (AT II, 138)〔知第二巻二四三頁〕。

(5) 『方法序説』(AT VI, 38)〔白第一巻四四頁〕。

(6) 『省察』(AT IX-A, 41 ; VII, 52)〔白第二巻七〇―七一頁〕。

(7) 「[……] 私が存在者〔être〕を抱懐することだけからして [……]、私が抱懐しているのは無限な存在者であることになります」(一六四九年四月二十三日付クレルスリエ宛書簡 (AT V, 356)〔知第八巻一九五頁〕)。また、『ビュルマンとの対話』(AT V, 148) も参照のこと。

(8) 『哲学原理』第一部第二四項 (AT IX-B, 37 ; AT VIII-A, 14)〔白第三巻四六頁〕。「神における全《まった》い非決定は、神の全能のこのうえもない証拠なのです」(「第六反論に対する答弁」(AT IX-A, 233)〔白第二巻四九四頁〕)。

トの形而上学が創始しようとしたこととは正反対である。ここで問題視されているのは、神の全能というより、この全能を認識する時の様式である。神の善性と全能は〔有限な人間の〕感官を通じて規定されてしまうため、両者は神に関する確実な一つの認識のうちに統合されずに、相互に対立したものとして捉えられてしまう。そして神の善性と全能の衝突のせいで、人間は自然本性的には真理に到達できないのではないかという怖れを払拭することができない。デカルトは述べる、「とはいうもののしかし、私の精神には或る古くからの、なんでもなしうる神が存在している、という意見が刻みつけられている〔……〕。だが、神はそのように私が瞞かれることをおそらく欲しはしなかっただろう、というのは、神はこのうえもなく善なるものと言われているからである。しかし、つねに誤るように私を創造したということが神の善性とは相容れないとしたなら、私が時おり誤ることのあるのを許しておくというのもまた神の善性にもとることのように思われもするであろう[9]」。私たちが〔この論点について〕袋小路に迷い込んでしまうとしたら、それは、「論争〔*disputatio*〕」というスコラ哲学が得意とする議論の方法を用いてしまうからだ。「学院や大学で教えられている〔……〕有力な哲学は、さまざまな意見の混濁した集積でしかなく、大半の人にとっては疑わしいものである。それはまさしく、この意見をめぐって日々繰り広げられる討論から分かることだ。しかも、これらの意見は無益でもある[10]」とデカルトは述べている。彼の弟子筋にあたるピエール＝シルヴァン・レジス〔一六三二－一七〇七年〕によれば、神の全能と善性の衝突は、トマス的な神義論とアウグスティヌス的な神義論の対立に帰せられるという。

「もし最初の人物〔つまり聖アウグスティヌス〕に倣って推論するなら、神は、最初の教父たちを誕生させながら、ただその善性を知らしめること以外は何も目指さずに〔行動した〕ということが分かる。〔……〕そして、このような見解をとれば、神の善性に対する謝意の気持ちは強まるばかりなのは明らかだ〔……〕」。それとは反対に、聖トマスの体系によれば、私たちに示されるのは神の絶対的な力能だけであり、それ以外の属性についてはなんら考慮されることがない〔……〕。そしてこの神の絶対的な力能は、その善性について愛の運動を引き起こすことはまったくない(11)」。「第一省察」では、神について

(9)『省察』(AT IX-A, 16)〔白第二巻三三頁〕。

(10)〔原文はラテン語の〕『ヴォエティウス宛書簡』(AT VIII-B, 167)をフランス語に翻訳したうえで引用〔その日本語訳は、山田弘明らによる『デカルト ユトレヒト紛争書簡集』(知泉書館、二〇一七年)に所収〕。

(11)〔校訂版〕『理性と信仰の使用〔*L'Usage de la raison et de la foi*〕』第三巻第一四章(パリ、ファイヤール、一九九六年、六八三―六八四頁)。モンテーニュは、『エセー』第二巻第一二章で神の絶対的な力能を強調している。また、ペトルス・ロンバルドゥス(『命題集』第一巻第四三区分第一章)、サン・ヴィクトル派(とりわけサン・ヴィクトルのフーゴーの『ローマの信徒への手紙に関する諸問題〔*Quæstiones in epistolam ad Romanos*〕』〔『ミーニュ教父全集(ラテン部門)』第一七五巻、パリ、ガルニエ・フレール、一八七九年〕第九一問題、四五七段)は、神の絶対的な力能と秩序づけられた力能の区別を退けている。ドゥンス・スコトゥスは、神はその絶対的な力能のおかげで世界の秩序とその法則には束縛されないと述べている。『神学→

明晰な観念を有していない人間の形而上学的な悲惨さについて述べられていた。というのもそのような人間は、確実な結論に決して到達することなく或る学説を別の学説に対立させるはめに陥ってしまうから。つまり、「しかし〔私を創造したのは〕神なのか。〔……〕しかしこれらの問題について、私はまだここで認識していませんし、それらについては混然と話すのみです[12]」という事態に置かれてしまうのだ。神学的考察がこのような混乱に追い込まれるのは、神のさまざまな属性を〔人間の〕感官によって捉えられた結果から規定してしまい、神の本質である無限から規定することをしないからだ。この段階の神学に欠落しているのは、神の本質に関するア・プリオリで肯定的な認識であるため、神学は、神を指し示す名称について場当たり的な一覧表を作成するばかりである。このことはトマス自身が認めていることだ――「というのも私たちは、神をその〔創造という行為の〕結果から遡ることによってしか自然本性的には認識することができないのだから、神の完全性を指し示すのに私たちに役立つ名称は多様にならざるをえない〔……〕。しかし、もし私たちが神の本質をそのとおりに抱懐し、かつ、それに適切な名称を与えることができれば、これをただ一つの名称によって言い表すことはできるかもしれない[13]」。

デカルトの形而上学において、好き勝手に振る舞うのは神だけだが、この神は実はそうであるがゆえに、デカルト的とは甚《はなは》だ言い難いものになってしまう。「私たちは、私たちを創造した神が存在していて、この神はご自分の気に入られたことはなんでもする力を有していると聞いていた。実際、神は私たちを、〔私たちには最も明白だと思われることにおいてさえ〕私たちがつねに誤るように創造しようと欲したかもしれない」[14]。この強力な欺き手は、人間の理性を混乱に陥《おとしい》れる。つまり、存在していないものの観念を理性に植え付けることで、或る種の転倒した生得説〔観念やこの観念を形成する原理は人間の精神に生来的に備わっているとする考え〕の原因となる。それでは、デカルトの形而上学における無限の神は、このような〔欺く〕神に比べて力能が弱いかと言えばそのようなことはなく、むしろ、「その力能が人間知性の限界を超えているような原因[15]」として認識される。しかも、神はこの力能をもって、〔人間の〕知性に備わっている真理を無効にするわけではなく、むしろ、真理に必然性と永遠性という特徴を付すのであって、それはあたかも神が自分で自分にそうする義務を課しているかのようだ。ちょうどスピノザが「〔……〕しかし神がそうしたように、もし神が私たちをして、事物の本質ならびにこれについて神が設定したとおりの法則を認識できるようなものとしてあることを望んだのであれば、それは、そうするための権能が神のうちにやはりあるということでもある。しかも私たちが神の誠実さを考慮に入れる

→批評事典』〔*Dictionnaire critique de théologie*〕の項目「神的力能〔puissance divine〕」（パリ、フランス大学出版局、二〇〇七年、一一六一―一一六二頁）を参照のこと。

(12)『ビュルマンとの対話』（AT V, 151）〔白第四巻三四五―三四六頁〕。

(13)『対異教徒大全』第一巻第三一章〔酒井瞭吉訳、前掲書、一四九頁〕。

(14)『哲学原理』第一部第五項〔白第三巻三四―三五頁〕。強調は筆者による。

(15) 一六三〇年五月六日付メルセンヌ宛書簡（AT I, 150）〔知第一巻一四〇頁〕。

なら、神はそうしなければならなかったということになる」[16]と述べているように。トマスによれば、神の力能は可能的なものに関係し、可能的なものを規範として〔それに縛られて〕いる――「論理学、幾何学、算術などの幾つかの学問の原理は、事物に関する形式的な原理だけから導かれるように、神はこの原理に反することは何もできない〔、そのかぎりで全能とは言い難い〕」。たとえば〔……〕中心から円周へと引かれた直線はいずれも等しくないとか、直線三角形の三つの角の合計は二直角に等しくないといったこと〔は引き起こせないの〕である」[17]。しかしそれとは反対に、デカルトにとって神の力能は無限であるため、それこそがあらゆる事物の規範をなすのであり、神は論理規則についても、被造世界の偶然的な諸事物のそれぞれについても、自由な立場にある。「〔神は〕中心から円周へと引かれたすべての直線が等しいということを真ではないようにすることができるほど自由であったのと同様に、世界を創造しないことについても自由であった」[18]と述べられているとおりである。デカルトの形而上学のなかでも最も特異な永遠真理創造説というテーゼは、一六三〇年にメルセンヌに宛てられた幾つかの書簡のなかで熱のこもった文体で表明されているものだが、公刊された書物のなかで〔主題的に〕取り上げられることはいっさいない。なるほど、神の無限な在り方について考察される際に、「実を言うとこの私は、事物の本質、ならびにこれに関して認識されうる数学的真理が、神から独立であるとは考えていません。しかし私は、それにもかかわらず、神がそのように欲したがゆえに、神がそのように按配したがゆえに、それらは不変であり永遠である、とは考えています」[19]と改めて表明されることはあるにしても〔公刊された書物のなかで主題的に取り上げられないことには変わりない〕。たとえデカルトは「三角形の内角の和が二直角に等しいとか、あるいは一般的に、相矛盾するものは同時に存立しえない、ということを真でないようにすることは、神にとって自由〔にできること〕であり、また〔その点については何ものにも縛られることはなく〕非決定であった」[20]と主張するにしても、だからといって、神はその力能をもって人間の〔精神活動を縛る〕論理規則を脅かす、ということが意味されているのではない。そうではなく、神の力能は、何ものにも、いやそれどころか、神の力能によって自由に設定される真なるものと偽なるものが矛盾した関係にあるということによってでも〔つまり無矛盾律によってさえも〕縛られない、ということが述べられているのだ。神の力能は無限であるため、さすがの王にも無理なことすら実現してしまう。つまり、何にも拘束されずに制定したさまざまな真理を、人間〔精神の〕のうちに刻み込むことである。この神的

(16)『形而上学的思想』第二部第九章（シャルル・アピュン〔Charles Appuhn〕翻訳・註解『著作集〔*Œuvres*〕』第一巻所収、ガルニエ＝フラマリオン文庫、パリ、フラマリオン、一九六四年、三七六頁）。
(17)『対異教徒大全』第二巻第二五章。
(18) 一六三〇年五月二十七日付メルセンヌ宛書簡（AT I, 152）〔知第一巻一四一―一四二頁〕。
(19)「第五反論に対する答弁」（AT VII, 380）〔白第二巻四五六頁〕。この点を教示してくださったE・スクリバノ女史に感謝する。
(20) 一六四四年五月二日付メラン宛書簡（AT IV, 118）〔知第六巻一五六頁〕。

な王権は、自然法則が支配する外的世界のみならず、人間精神という内的世界にまで及ぶ。「自然のなかにこれらの法を確立したのは神である［……］。ところで、もし私たちの精神がそのことを考察しようとするなら、とくに理解できないようなものは何もないでしょう。真理というものはすべて私たちの精神に生まれつき備わっているのであり、それは、王が十分な力の持ち主であればこそ、すべての臣下の心に自分の法を刻み込んでいるのと同じことです[21]」と述べられているとおりである。こうして真理に付与される特徴のいずれもが神と関連づけられなければならないことが分かる。デカルトは述べる、「神がこれらの真理を確立したのであれば、王が自分の法を変えるように神は真理を変えうると言う人がいるかもしれません。神の意志が変わりうるのであれば、それに対しては肯定的に答えなければなりません。――しかし、私は真理を永遠で不変なものと理解しております。――そして神についても同じだと私は考えております」。神の全能は、人間にしてみれば両立しないもの同士を、つまり自由と変易不能性というものを結びつけてしまうのだから、包括的には理解することができない。彼は続ける、「――しかし、神の意志は自由です。――そうです、しかし、神の力は〔包括的に〕理解することはできません。そして一般的に、神は私たちの理解することならすべてなしうると私たちは断言できます。しかし、私たちの理解できないことを神がなしえないというわけではありません[22]」。真理のほうが神の力能に従属しているのであって、神は真理の永遠性に束縛されるのではない。このようなコペルニクス的転回〔天動説を覆して地動説を主張した天文学者コペルニクスにちなんで、全く逆の立場に転換すること〕は、人間が有する学知を確実なものにしようとしてむしろ神の力能の無限性に楯突こうとする哲学的かつ神学的な理論に無効判定を下す。

なるほど神は、あれこれの真理から気ままに一つを選択するのではない。なぜなら、その束縛されることのない自由は、選択に際して行使される力能というよりは、〔選択を〕必然的なものにする力能であるから。つまり、「神は最も不偏〔要するに非決定〕なしかたで働いても、同時に最も必然的なしかたで働いたのである」(23)。神は真理を自由に設定するというのは、そのうちの幾つかを必然的なものとし、残りは排除する選択を下すことではない。二に二を加えても四にはならないかもしれないという可能性は、神は或る命題を選びとってその反対の命題のほうを真とし、最初の命題を捨て去る選択を下すかもしれない、ということではないのである。永遠に通用すると判断されている真理について、別様に考えられていたかもしれない以前の状態を思い描くのは馬鹿げたことだ。それはスピノザがここでもまた正当に強調していることである――「神のすべての裁定は永遠このかた神自身によってなされた。そうで

---

(21) 一六三〇年四月十五日付メルセンヌ宛書簡（AT I, 145）〔知第一巻一三五頁〕。

(22) 同上書簡（AT I, 145-146）〔知第一巻一三五－一三六頁〕。ここでも形而上学的な説明は、譲歩と反論からなる省察的熟考という〔思考と叙述の〕形式のもとでしかなされえないことを指摘しておこう。

(23) 『ビュルマンとの対話』（AT V, 166）〔白第四巻三七二頁〕。

なければ神に不完全性と不恒常性とを負わせることになるから。ところで永遠のなかにはいつということがなく、また以前ということも以後ということもないのであるから、このことから、すなわち神の完全性だけからして、神は決して他の裁定をなしえないし、またなしえなかったこと、あるいは神はその裁定の以前には存在しなかったし、またその裁定なしには存在しえないことが帰結するのである」[24]。しかしながら、たとえ「神の裁定は神自身である」[25]としても、この裁定力が汲み尽くされることはないし、また、神の本質から分離されることはないにしても、これとは区別される[26]。このように神は〔世界を〕別様に創造することができたわけだが、この別様にということのために、神の力能は〔あれかこれかという〕二項対立に挟まれていると考えてはならない。神の自由は、自由裁量のそれではないのだ。神は無限であるがゆえに、神という実体と被造物とのあいだに、要するに〔諸事物の〕本質、存在者、数学的真理あるいは道徳的価値とのあいだに、一義的な関係性が想定されるということがいっさいない。神と世界のあいだには、また同様に神と〔その創造の結果である〕永遠に通用する真理のあいだには、神の自由な行為という、何ものにも還元できない事実が横たわっているのだ。

II 真理と生得的な観念

生得的な観念を唯一の土台とした、〔つまり感覚や想像とは区別すべき〕純粋に知性的な認識以外に、真なる認識というものはない。この生得的な観念は、私の思考作用がそうであるように、私にとって自然本性的なものである。それは、生成変化とは無縁の本質を指し示し、しかもこの本質は、私たちがそれについて表象するところとは独立に存在する。〔本質について思考したり表象したりするだけの〕精神は「事物《もの》の尺度でも真理の尺度でもない[27]」からである。もし真なる観念を持つことが〔プラトンの認識論におけるように〕想起であると同時に発見でもあるなら[28]、それは、観念が次の二つの領域にまたがっているからだ。すなわち、一方で観念について思考する知性の領域つまり〔精神にとって〕内的な領域であり、

(24)『エチカ』第一部定理三三備考二（前掲『著作集』第三巻所収、七五頁〔畠中尚志訳、上巻、岩波文庫、一九七五年、七九頁〕）。
(25)『ビュルマンとの対話』(AT V, 167)〔白第四巻三七二頁〕。
(26) 同上書 (AT V, 167) では、「[……] たとえもし私たちがそれらの裁定は神から切り離されうると自分たちに示すにしても、私たちの理性による区別という努力の結果としてそうしているにすぎません」〔白第四巻三七二頁〕と述べられている。また、ベサード『デカルトのモノグラム〔*Le Monogramme de Descartes*〕』（パリ、フランス大学出版局、一九八一年、一七四－一七八頁）を参照のこと。
(27) 一六四九年二月五日付モア宛書簡 (AT V, 274)〔知第八巻一二〇頁〕。
(28)『省察』(AT IX-A, 48)。

他方でこの観念によって表象される現実のさまざまな事物からなる領域つまり外的世界である。〔明晰で判明な〕観念は、精神に事物の本当の姿を認めさせることで、精神をして〔さまざまな事物について〕ただ列挙するだけでなく、思考するように促す。それとは反対に、混濁した観念は〔そのような促しのないまま〕、当の観念の中身だけを私たちに示して終わりである。真理は、或る命題が首尾一貫しているかどうかに関わるのではない〔つまり、命題の真偽を別の命題との整合性を軸に考察する〈真理の整合説〉ではない〕。それは、〔私の精神によって〕思考されたものと〔現実世界に〕存在しているものとが一致しているかどうかに関わる[29]〔つまり、命題の真偽をその命題と世界との対応関係を軸に考察する〈真理の対応説〉〕。コギト〔「私は思う」という事実の発見〕以来、私には、生得的な観念がこのような不可疑な在り方をしているという経験がある。私はこの経験のおかげで、何かを認識することをもって当の何かが実際に存在すると判断される時の結論は正しいと確信する。[30] もし〔前節で考察した神の〕誠実さのおかげで、私たちの認識は実際に存在しているものの構造までも明らかにすることが保証されるなら、〔観念の〕生得説それ自体が意味するのは、この点に関して感覚経験はなんら寄与するところがない、ということだろう。さらにコギトの場合がそうであったように、神を認識するのに観念を媒介にするというのは、人間はその出発点が〔感覚や想像にはないがゆえに〕純粋に知性的で〔、そのかぎりで〕確実な知識に到達しうる、ということである。デカルトは述べる、「無神論者は三角形の三つの角の和が二直角に等しいことを明晰に認識できる、ということについて言えば、それを私は否定していません。私はただ、この無神論者はそのことを或る確実で真なる知識によっては認識していないと主張しているだけです。それというのも、疑わしくなりうるところのいかなる認識も知識と称せられるべきではないと思われるからなのでありまして、彼が無神論者であると想定されているからには、彼にとっていとも明証的と思われるそのものにおいて自分が欺かれることはないということを彼は、まずもって神を認知するというのでないかぎりは、確知することができないのでありまして、〔……〕」[31]。

私たちの知性が有する観念は、神の創造した〔事物の〕本質と存在の次元に対応するかぎりで、神の知性がそれについて有する観念と形式的には同じだと言える。ただし、それはあくまでも形式上のことであって、というのも私たち人間は、真理を制定することはせず、真理は神によって制定されたと見なすだけだからである。いずれにせよ人間の精神と神の無限な力能のあいだには同形性が成立している。「私が判明に抱懐しうるもののすべてを神は産出する力能を有しているということは疑うべくもない[32]」

(29) 一六三九年十月十六日付メルセンヌ宛書簡〔によれば、『真理について』の「著者」であるチャーベリーは、「真理の基準として、万人の同意を挙げておられますが、私は、真理の基準として、自然の光以外のものを持ち合わせておりません」〕(AT II, 597)〔知第三巻二六一頁〕。

(30) 「第七反論に対する答弁」(AT VII, 520)。

(31) 「第二反論に対する答弁」(AT IX-A, 111)〔白第二巻一七二―一七三頁〕。

からである。神の力能によって創造されたものと、人間が自分の力能によって認識しうるものとが対応している——しかしそのうちには、有限なものと無限なものは決して一義的な関係にないということが含まれている——ことを根拠に、確実な知識に到達するための唯一の道が開かれる。「そして今や私には、真なる神（つまり知識と知恵との宝のすべてが秘められている神（*omnes thesauri scientiarum & sapientiæ absconditi*））について観想することによって、この宇宙におけるその他の事物の認識へと到達しうるための或る道が見えていると思われる(33)」と述べられているように。神の誠実さを根拠にすることで、それなしには自然がまったく理解されない（*abscondita*）ままになってしまうはずの自然法則を、神の無限な力能から演繹することが可能になる。つまり神の誠実さのおかげで、真なるものを知得するための私たちの能力（*percipiendi capax*）は、なるほど有限ではあるが、この真なるものの創造のために神が用いた作出的な能力（*capax efficiendi*）に立脚している、ということが確実視されるのである(34)。

なぜ神はあれこれの真理を制定しつつも私が間違いを犯してしまうようにしたのか、という問いに答えるべく、神の誠実さという属性とは別のものに探りを入れようとさらに先を進んだところで、それは上手くいかない。〔人間が認識に際して犯してしまう〕過誤に関して〔提起されるさまざまな問い——その原因は何か、どうすれば避けられるのか、等々——を〕説明したいと思っても、神の意志による決定については推論をあれこれ展開することなどできない。なぜなら神の意志による裁定は、神の意志の本質と同様に包括的に理解することができないから。したがって人間が唯一、断定的に主張できるのは、神は私たちに何も負っていないというアウグスティヌス的な考えだけである。デカルトは述べる、「たとえ神が私に過誤を犯さないという美徳を付与してくれなかったからといって〔……〕、それでも神は私の力能のうちに少なくとも〔過誤を避けるための〕別のやり方を残してくれたことに満足する〔me contenter〕理由が私にはある。つまり、事物の真理が明晰に認識されない時は、それについて判断を決して下すまいとする決意を堅く持ち続ける、というやり方である」(35)。過誤とは事故のようなものだ。というのもそれは、なんであれ望もうとすればそうできてしまう意志と、すべてを知りうるわけではない知性の乖離《かいり》に起因するから。したがって過誤はつねに判断の誤りとしてである。これは、速断によって、また、感官を通じて現実世界〔の本質〕に到達できるとする根深い偏見によって引き起こされる。したがって過誤を

---

(32) 『省察』(AT IX-A, 57 ; VII, 71)〔白第二巻九三頁〕。また「第四反論に対する答弁」(AT IX-A, 171 ; VII, 219) も参照のこと。

(33) 『省察』(AT IX-A, 42 ; VII, 53)〔白第二巻七三頁〕。

(34) 同上書 (AT IX-A, 57 ; VII, 71)。この点については、拙著『デカルトと神の認識〔*Descartes et la connaissance de Dieu*〕』(パリ、ヴラン、二〇〇四年) を参照されたい。

(35) 『省察』(AT IX-A, 49 ; VII, 61)〔白第二巻八一―八二頁〕。〔この引用は「第四省察」からのものであるが、〕「第三省察」〔のフランス語訳〕では、〔ラテン語の悦楽という意味の〕*voluptas* が〔充足や満足という意味の〕contentement と訳されている〔ちなみに名詞 contentement に対応する動詞が contenter である〕。

避けるには、明晰かつ判明な観念が手元にない時は判断を差しとめるという消極的な対処法が、また、観念が明証的であるかどうかに注意を払うという積極的な対処法がそれぞれ求められる。こうして省察的熟考という訓練において、注意は知の一形態として確立され、軽率に流れてしまう局面で意志的なものを動員すること〔つまり注意深くあろうとすること〕が目指される。(36) これこそが〔過誤を避けるための〕解決策、つまり、真なる観念はそれ自体では真理の指標にはならず、有限な精神の本質は無限な実体の観念〔によって指し示されるもの〕ではない、と主張する哲学によって唯一与えられうる解決策なのである。人間が持つ真なる観念は、神が持つ観念と同じではない。だからこそ神による保証が必要とされる。こうして過誤について言われることは、〔宗教上の〕罪にも当てはまることになる。なるほどデカルトは後者について論じようとはしない。しかしいずれの場合も、逸脱を犯すというのは、意志することを欲する〔vouloir vouloir〕といった類いの、〔実は〕根拠のない表現〔によって指し示されている事態〕の帰結である。なぜなら、意志することを欲するとは、明晰な認識を欠いている〔とはいえ、〕知性〔であることに〕は変わりない、その知性〕から切り離されている、ということだから。つまり、〔意志の在り方である〕自由が、気まぐれと取り違えられてしまうのだ。しかも過誤と〔宗教上の〕罪を比較することには、それ以上の含意がある。もし罪が私たちの能力の悪用のみに起因するとしたら、それは要するに、人間の本性は堕落しているのではなく不完全でしかない、ということである。だからといって、人間の意志の及ぶ射程には制限のないことと、神の意志が無限であることとの同一視まで許されるかと言えば、そうではない。〔繰り返しになるが〕両者は、一義的には定め難いことを特徴とする関係にある。というのも、神の意志だけがその知性と力能に〔完全に〕一致しているから。(37) デカルトは、罪を犯してしまったからといって意志は無力化されるわけではないと考える、当時の神学的布置からすれば優勢な主張を打ち出しており、こうして〔ロベルト・フランチェスコ・ロモロ・〕ベラルミーノ〔一五四二－一六二一年。イタリア出身のイエズス会司祭。対抗宗教改革に最も功績があった、カトリック教会の枢機卿のひとり〕の保守的な主張と比較されることになる。(38) だからといって、デカルトが哲学の領域を去〔って神学の領域へと移〕ることはない。彼

---

(36) デカルトはここでアウグスティヌスに依拠している。アウグスティヌスは「みずからを知るためには、人間は感覚から身を引き、心それ自体へと集中し、自分自身に立ちもどっておくという大いなる習慣を、身につけるよう精出さねばなりません」（『秩序』第一巻第一章三〔清水正照訳、『アウグスティヌス著作集』第一巻、教文館、一九七九年、二一四頁〕）と述べ、デカルトは「次に、私にいっそう近く寄って、私の過誤（それらのみが私における或る不完全性を証拠立てている）がいったいどのようなものであるかを探査してみると〔……〕」（〔『省察』〕**AT IX-A**, 45〔白第二巻七五頁〕）と述べている。

(37) 『省察』（**AT IX-A**, 46）。

(38) J・ラポルト〔Laporte〕『十七世紀フランス哲学史研究〔*Études d'histoire de la philosophie française au XVIIe siècle*〕』（パリ、ヴラン、一九五一年、七三－八七頁）を参照のこと。なおデカルトは、神の全能を強調することが要点となるような、〔神意による〕予定が問題にされる時、この保守的な学説を排除する。

が狙いとするのはあくまで、罪は〔認識上の〕過誤の場合がそうであるように、人間の意志の無力さに起因するのではない、と示すことだけである。原罪に関する教義を考察するのではなく、魂の諸能力を分析することが課題なのだ。

神の誠実さ〔に関する議論〕は、デカルトの〔哲学上の〕計画のなかにあって、なかば伝統に倣った副次的な価値しかないような寄り道ではない。むしろ彼の計画こそ、この議論なしには理解することができない。神の誠実さに言及されるのは、形而上学上の根源的な選択による。つまり、無限なものは〔有限なものとの関係が〕一義的には定め難いことを特徴とする、という主張に与する選択である。そしてそのような主張は、真なるものについて思考することは神のように思考することではない、ということを含意する。さらに、人間の知性こそが学知の唯一の主体である――無限なものについて思考される場合も含めて――ということの確立も意味する。なるほど観念はそれが真であることの根拠を神のうちに求めるが、当の観念が見出されるためには、人間の知性に恃《たの》まなければならない。アウグスティヌスがそう主張するところとは異なり、私たちは神のうちに真理を見るのではない。また、神の本質はその被造物によって分有されていると述べるトマス・アクィナスがそう擁護するところとは異なり、私たちはあらゆる事物を神のうちに見るのでもない。デカルトの生得説は或る意味で、範型論〔この世界の有限な事物は神のうちに存在する範型の写しに他ならないとする理説〕に関するトマスの理説によれば神だけに認められていることを、人間の知性にも当てはめることに行き着く。つまり、自分のうちにあらゆる事物の本質を見定めるという権能〔を人間知性に認めるの〕である。〔ただしこのような〕デカルト哲学における諸原理から出発して、マルブランシュの哲学よりも先に進むことはできない。マルブランシュにとって、〔人間の〕精神は「神と合一した」状態にあり、「或る意味でそれは、さまざまな事物を神が認識するように認識することができるとさえ言いうる」(39)。しかしデカルトによれば無限なものは、そのために〔私たちに〕差し出されたところで〔包括的な〕理解ははなから無理である。無限なものは認識論上は一義的であること、それは〔たしかに人間精神によって〕知解されうること、しかし存在論的には〔人間と〕一義的には定め難い関係にあること――そのように言われるのは、神は無限実体だから――、以上の三点が緊張関係にあることは、デカルトの考察の特異性であると同時に弱みでもある。というのもこれまでこの特異性は、デカルトは循環論法を犯しているのではないか、という反論のために汚名を着せられてきたから。つまり、神の存在証明が可能となるのは神の観念から出発する演繹という操作のおかげなのに、まさしくその神の存在によって演繹というプロセスの全体ならびに〔他の〕すべての生得的な観念が正当化されている、という反論である。学問の基礎固めが学問それ自体によってなされている。要するに神の存在は真であるということが、後から振り返ってみると、それ以外の真理の保証になっている、とい

(39)『真理の探求〔*La Recherche de la vérité*〕』第五巻第五章(〔ロディス=レヴィス編、プレイヤッド版〕『著作集〔*Œuvres*〕』第一巻所収、パリ、ガリマール、一九七九年、五二五頁)。

うわけだ。しかし、私たちはまさしくその時、「〔神は欺くものではないということについて〕単に納得するだけでなく、この結論に関する本当の知識を、そして、それ以外のあらゆる結論――それらの根拠についてはかつて明晰に認識したことを覚えている――に関する本当の知識を有する[40]」ことになる。「きわめて明証的に認識すると私の思いなしている事物」をもってしても、神について認識されないかぎりは、確実な認識は成立しえない。デカルトは述べる、「神のこのうえもない力能に関して抱懐されたこの〔先入主的な〕意見が私の思考に立ち現れてくるたびごとに、私は、いやしくも神がそうしたいと思うとするならば、神にとっては、きわめて明証的に認識すると私の思いなしている事物においてさえも私が過つ、という事態をしつらえることは容易であると認めないわけにはゆかない。しかしその反対に私は〔……〕、きわめて明晰に抱懐していると私の思いなしている事物そのもののほうへ振り向くたびごとに、まったくそれらによって納得させられてしまう[41]」。人間の能力が信頼できるものかどうかを立証するのは、実際のところ、〔神について認識する〕当の能力なのである。そして、神の誠実さが〔人間の〕認識手段をその内側から保証する。ということは必然的に、この認識手段に訴えかけながらそうするわけだ。ともあれ、デカルトは循環論法を犯しているのではないかという反論は、私は在る、存在するといった原理ないし公理と、知識を区別することによって退けられる。私たちは神を認識する前から、この原理が妥当であることを一時的に納得するが、だからといって、自然本性的に与えられた、確実な学問に到達するための〔自分の〕能力について確信しているわけではない。だからデカルトは述べる、「〔……〕何ものをも私たちは、まずもって神が存在することを認識するのでないかぎり確実に知ることができないと言ったその箇所で、私ははっきりと、自分が〔推論の〕結論の知識について、これらの結論の記憶は、もはや私たちがそれらの結論を導き出したその根拠に注意していないという場合に、〔それだけが〕精神のうちに舞い戻ってくることがありうるわけですが、そういう結論の知識についてしか語っていないと述べました。というのは、第一の原理ないし公理の〔直観的な〕認識は弁証家たちによって知識と称されないのが普通だからです[42]」。注意作用という〔精神の〕努力によって原理の明晰さに到達できるのであって、この努力が続くかぎり、これは疑われることがない。しかし、神の誠実さだけが、これらの原理から導き出されるさまざまな結論を絶対的な真理の地位に押し上げる。「こうした〔判明な〕しかたで認識された諸前提から引き出された結論だけを、それらの諸前提には注意せずに記憶に残すということが私たちにはしばしば起こるため、その場合には、申し上げますが、明晰な諸原理から引き出されたものであることは覚えていながらその結論を不確かなものとしてしまうということも、神

(40) 一六四〇年五月二十四日付レギウス宛書簡（AT III, 65）〔知第四巻六四頁〕。前掲したベサードの『デカルトの第一哲学』（三三九–三四七頁）を参照のこと。
(41) 『省察』（AT IX-A, 28）〔白第二巻五三頁〕。
(42) 「第二反論に対する答弁」（AT IX-A, 110）〔白第二巻一七二頁〕。

に関して無知であるならば、起こりうるのです。というのもおそらくは、実際のところ、最も明証的なことにおいてさえ誤るというのが私たちの本性であるためです。したがって、このような場合、明晰な諸原理から結論を引き出したにしても、その結論に関して私たちが手にしているのは知識でなく、単にその結論に納得させられているにすぎないのです」[43]。理性の価値はそれをどう使うか次第である。つまり理性は、つねに自分〔の使用〕について判断するものなのである。

（43） 一六四〇年五月二十四日付レギウス宛書簡（AT III, 64-65）〔知第四巻六三頁。本書六〇頁参照のこと〕。

第五章　私の生、私の行い

Ⅰ　情念

感覚が明証的であるのは見かけ上のことだから、懐疑によってこれを棄却しようとするのはよいとしても、常識的に考えれば、日々の生活のなかで明証的と思われるもの[1]は揺るぎようがない。実際に、私が炉端近くのここにいて、手元にはこの紙を持ち、この手は自分のものだということを否定するのは、狂気の沙汰にちがいない。私は自分の身体を介して、自分の日常生活を構成する馴染みの事物《もの》と接点を持つ[2]。と同時に、〔それらとの関わりで言えば〕唯一の行為者《アクター》である。このように、毎日を生きていくうえで〔明証的と思われるものをいったん懐疑によって棄却する〕省察的熟考という修練が課されることはまったくない。しかしデカルトは、軍役から退きたいと打ち明ける友人に、平時だって有事と同じく危険は多

（1）「私に日々感覚によって表示されるもの〔……〕」（『省察』（AT VII, 89）〔白第二巻一一一頁〕）。
（2）「〔……〕平素の慣わし〔……〕」（同上書（AT VII, 19）〔白第二巻三一頁〕）。

いのだから、軍役から退くようなことはするな、と助言している――「私たちは数多くの避けがたき危険のなかで生きているのですから、賢明さ《サジェス》をもってしても戦争という危険に身を晒《さら》すことを禁ずることはできないように思われます[3]」。〔「有事には有事のように（非常事だからやむをえない）」というフランスの諺にあるように〕平時でも有事のようにしなければならないというわけである。というのも、さまざまな事物をそれらの緊急性の度合いに応じて、また、精神と身体の結合体である私たちにとってどの程度、有害かに応じて評定することは、つねひごろの心がまえとして大事だから。そして感情と情念の役割は、「自然によって私たちに有用と定められているものを、魂が意志する[4]」ように仕向けることである。そのかぎりで、それらが魂の〔受動的な在り方に他ならない〕感情にして情念であるというのは間接的なことでしかない。つまり、〔物体的事物だけから構成される〕自然のうちには、〔人間の〕身体〔という物体〕の求めに応えるべく精神〔のさまざまな能力〕を働かせる策略のようなものがある、ということである。〔デカルトが『情念論』のなかでそう指摘するように〕もし驚きの情念が最初に〔私たちの精神のうちに〕沸き起こるなら、それは、魂と身体の合一体である私たちにとって〔驚きの対象となった〕事物の有用さないし有害さが測られる前に、まずこの情念によって私たちが当の事物のありのままの姿に直面させられるからである。そしてこの驚きの情念から、私たちに害悪を及ぼすものに対する憎しみの情念と、私たちに適合するものに対する愛の情念が生ずる。さらにここでは、健康に良いか悪いかを考慮するだけでなく――ただしこの基準は驚きの情念以外のすべての情念の発生理由でもある――、時間の流れとともに変化する情念のことも挙げなければならない。つまり、将来に関する欲望という情念と、その反対に現在のことに関する喜びと悲しみという情念である。情念は、そのおかげで暮らしが生き生きしたものになるかぎりで、〔やはり精神内に生ずるが、それとは別に類型化される〕認識作用に関連づけられない時、すべて良いものとされるが[5]、いずれも行き過ぎは免れない。つまり、その対象の〔本来の〕価値を過大に評価することで歪めてしまう力を持っているのである。そのため私たちは〔歪められた価値判断に基づいて〕、その情念が対象とする事物を「適度を超えた熱心さと心配とをもって[6]」追い求めたり、逆に遠ざけたりしてしまうのだ。

デカルトによる「完全な道徳」とは、どのような情念であれそれを感ずることから喜びを一貫して引き出す[7]にはどうすればよいか、自然学上の諸原理から日常生活に関わる諸規則を導き出すにはどうすればよいか、それに答えようとするものである。実際に、魂と身体からなる合一体の仕組みを明らかにす

---

(3) 一六四八年(?)ポロ(?)宛書簡(AT V, 558)〔知第八巻四頁〕。
(4) 『情念論』第五二項〔白第三巻一九四頁〕。
(5) 同上書第二一一項。
(6) 同上書第一三八項〔白第三巻二三五頁〕。
(7) 同上書第二一二項。

るのは自然学に他ならない。自然学こそが、身体のさまざまな運動がどのように脳のなかの最小部位の一つである松果腺に受け止められ、ついで魂に伝えられ、今度はこの魂が松果腺を介して身体に運動を与えるのか、それを教えてくれる。と同時に、生理上のさまざまな機能は、血液が静脈と動脈を循環することをもって説明される。脳とそれ以外の器官、筋肉と神経に血液が行き渡るのは、血液がまさしく循環しているからである。動物精気というのは、すでにベーコンが使っている術語であり、「〔身体の〕熱によって〔その密度が〕希薄になった、血液のなかで最も活発で微細な部分[8]」のことであるが、そのおかげで精神と身体のあいだの相互作用は保たれる。したがって、動物精気の状態に変化が生ずれば、魂にも影響が及ぶ。動物精気が溢れんばかりであれば、高邁という情念が生ずるし、それに抑制がかかれば、欲望という情念が生ずるのである[9]。もし情念が、身体に生じたさまざまな変調を原因として身体のほうではなく魂のほうに生ずる反動のことなら、魂もまた、「身体のあらゆる部位と結合している」かぎりで、その作用を身体のほうに及ぼす。その際に中継地の役割を果たすのが松果腺である。この松果腺の機能を強調するにせよ、〔たとえばスピノザ『エチカ』第五部におけるように〕皮肉るにせよ、これまでそうされるばかりで、デカルトが脳を重視していたことそれ自体の重要性は見過ごされてきた。脳は、〔身体器官に生ずる〕感覚を〔精神の受け止める〕情報に転換し、〔精神の領分である〕意志作用を〔身体上の〕さまざまな運動に変化することができる。つまりこの脳においてこそ、身体〔物体〕的なものと精神的なものの相互作用が成立するのだ。私たちは、この身体的なものと心理的なもののあいだの往復運動の仕組みを認識することで、これを意志的にではなく間接的に変更することができるようになる。つまり、或る情念を〔引き起こすメカニズムを〕使って別の情念を引き起こすのである。魂と身体の合一体の仕組みを言わば梃子《てこ》にこの仕組みそのものを変えること、この仕組みに従いながらこれに逆らうこと、これがここでの課題である。もし「おのおのの意志作用が自然によって〔松果〕腺の或る運動に結合されている」なら、「工夫や習性によって腺の別の運動に結合されうる」⑽。〔人間の意志だけで情念は変えうるという〕主意主義的な考えは、幻想であると同時に無益である。情念は、〔これを統御するために〕あだこうだと議論するよりは、訓練によって条件づけられるべきものである⑾。情念に動かされる人間

---

(8) 同上書第一〇項〔㊀第三巻一六九頁〕、ならびにベーコン『学問の尊厳と進歩』第四巻。トマス・アクィナス『神学大全』第一部第七七問題〔「魂の能力一般に属する諸般の事柄について」〕第五項〔「魂のすべての能力は、魂を基体としてこれにおいて存在するものであるか」（大鹿一正訳、『神学大全』第六冊、創文社、一九六二年、一〇一―一〇四頁）〕も参照のこと。
(9) 『人間論』（AT XI, 166）。
(10) 『情念論』第四四項〔㊀第三巻一八七頁〕（また、五〇、一〇七、そして一三六の各項も参照せよ）。
(11) 同上書第四五項。訓練という考えは、おそらくキケロの影響によるものだろう。キケロは、イエズス会運営の学院で教授されていた。一六四一年には『キケロの義務論、あるいは市民的生活の責務について〔*Les Offices de Cicéron, ou les devoirs de la vie civile*〕』という本がパリでソマヴィル〔Sommaville〕と→

は、〔心身二元論の枠組みで言えば純粋な〕精神というよりは、むしろ自動機械のようなものであると言えるだけに、習慣づけは意志の働きかけよりも効果的なのである。そしてこのことをもってすれば、一目惚れの不思議まで説明できるようになる。デカルトは小さい時に斜視の少女に恋心を抱き、その後もこのような女性に強い魅力を感じた。彼はこのことを、〔精神と身体のあいだに〕生じた最初の条件づけ〔心理学において、特定の条件反射や条件反応を起こすように人間や動物を訓練すること〕はどのようなものか、という観点から説明する。というのも「私たちがひとたび或る身体の行動を或る思考と結びつけると、その後、両者のうち一方が私たちに現れれば、もう一方も必ず現れる[12]」から。こうして感情を制御することは、〔一六四九年刊行の〕『情念論』のなかで説明されているように、過去の条件づけの解除と新たな条件づけによってなされる。しかしこの著作は、デカルト哲学が進展していったその先に産み落とされるものの一つでしかない。デカルト哲学はそれ以外にも〔一六三七年刊行の『方法序説』の補論である〕『屈折光学』であるとか『幾何学』のほうにも進展していくからだ。つまり、デカルト哲学の究極の真理はこの『情念論』のうちに見出される、などというわけではないのである。むしろ、その本質的なところはすでに〔『方法序説』や『省察』などにおいて〕定式化され公表されており、その後の作業として残っているのは、この定義済みの諸原理から演繹されるところを実現していくことだけである。それでも『情念論』という著作には、それ以前の道徳論が重視してきたことから軸足をずらすという特徴が認められる。たとえば、さまざまな情念に対する魂の戦いといった主題[13]は、実際のところもはや問題にはなっていない。

そうではなく、〔プラトンにおけるように理性的、気概的、欲望的の三部分に区別されず、単一のものとして捉えられた〕魂が自分自身と交える戦いが問題となっている。情念の激しさに直面した魂は、身体が欲しがっているものを我慢しようと自分に言い聞かせながらも、それに突き動かされて身体の言いなりになってしまう。[14] そうすると魂に実際にできることは、嵐〔のように渦巻く情念〕が過ぎ去るのを待つ、血液の流れによって掻き立てられた情動が鎮まるのを待つ、そして、情念の激しさはその対象ではなく想像力に起因するものであることを思い出す、以上の三点に尽きることになる。情念が想像力によって掻き立てられ、そして引っ張られるかぎり、当の情念が盲目的なものになるのは避け難い。というのも、この想

↓クールベ〔Courbé〕という版元によって公刊された。同じ版元によって一六四三年には『トゥスクルム荘対談集』も公刊されている。

(12) 『情念論』第一三六項〔白第三巻二三三頁〕。

(13) 〔訳注〕プラトンによると魂は、その指導的部分である理性、これに従って意欲的に活動する気概（意志）、そして盲目的な欲望（情念）の三つの機能ないし部分にわけられる。このことは『パイドロス』において二頭立ての馬車という比喩によって説明されている。つまり、二頭を操る馭者としての理性が、気概（意志）という白い馬を励まし、かつ、欲望（情念）という黒い馬を叱りながら、魂の全体としての調和を保つ、というのである。

(14) 『情念論』第四七項。

像力は「精神を欺こうとする傾向があり、情念の対象を表象のとおりだと信じさせる理由を実際よりもはるかに強く見せ、信じさせない理由をはるかに弱く見せる傾向がある」[15]から。もし知性が現実世界の本当の姿を表象するものなら、想像力は、そうあって欲しいという現実に関する表象になるだろう。魂をして自分のことを騙し、そして喚《わめ》かせるのは、この想像力なのである。〔プルーストの大著『失われた時を求めて』のなかで高級娼婦オデットに恋をし、紆余曲折の果てに彼女と結婚することになったユダヤ人の仲買人スワンが〕「僕の生涯の何年かを無駄にしてしまったなんて、死にたいと思ったなんて、一番大きな恋をしてしまったなんて、僕を楽しませもしなければ、僕の趣味にも合わなかった女のために！」[16]と述べていたように。

しかし或る決まった考え方が、省察的熟考というタイプの修練のおかげで別様に考える習慣に置き換えられたのと同じく、理性は実生活《モラル》において、想像力が生み出すまやかしを挫《くじ》き、想像力の向かう対象をきちんと評定することができるだろう。まさしくこの「魂の習慣」こそが、たとえ〔その実現のためには〕身体の仕組みと折り合いをつける必要があるとしても、徳と呼ばれるのである。デカルトは述べる、「予め自分の行動について反省する習わしのある人なら、いついかなる場合にも次のことはなしうると思われる」。たとえば、「恐れに囚われた場合には、逃走するよりも抵抗するほうにはるかに大きな安全と名誉とが存することの理由をいろいろ考えて、危険について考えることから努めて頭をそらそうとすることである」。もし或る情念の統御のために、その都度の条件反射よりも「善悪の認識に関する堅い、しっかりした判断[17]」をもってそうするほうが魂の力を証左するとしても、やはり「それらの〔情念に〕対して備えができていない場合には、いかなる人間的知恵も、それらの運動に抵抗しうるようなものはない」。「こうして生まれつき」怒りに「強く動かされやすい人々は」「熱病の時のように全血液が激高する[18]」のを抑えることができない。発熱しないように熱に強いても無駄だ、ということである。また、ストア派が描くアタラクシア〔激しい感情の動きに左右されない平静不動の精神の在り方〕という状態は絵空事であり、彼らが言う道徳は〔身体を除外した〕純粋な精神に関するものでしかない。ということは、魂と身体の合一という現実に目をつむり、自分のことを考える事物〔つまり精神〕としてしか認識しないかぎりで、或る種の「デカルト哲学」つまり「カルテジアニズム」だとも言える。〔ところで〕もし理性に情念《パッシオン》を支配するための力が備わっていると言うなら、それは、この力がそれ自体、受動的なもの《パッシオン》、つまり、理性が自分のことについて感ずる情念〔つまり自己感情〕として見なされるかぎりにおいてである。

(15) 同上書第二一一項〔白第三巻二七七頁〕。パスカル『パンセ』断章四六一も参照のこと。
(16) プルースト『失われた時を求めて――スワン家のほうへ』〔井上究一郎訳、『失われた時を求めて』、ちくま文庫、一九九二年、六四五頁〕。
(17) 『情念論』第二一一項、第四八項〔白第三巻二七八、一九〇頁〕。
(18) 同上書第二一一項〔白第三巻二七七頁〕。

こうして情念を「御する」時、それは「過度に傾けばそれだけいっそう有益なものになることが往々にしてある[19]」。徳は、情念とその土俵のうえで向き合い、それと同程度の武器で戦う。デカルトは、エピクロス派かストア派のどちらかなのではない。知恵と自由をもって生きるとは、情念のなかでも最強の、つまり徳という情念に従うことである、と主張するかぎりで、デカルトはエピクロス的であると同時にストア的でもあるのだ。

II　自由

自由は、哲学をするという行為にすら関係してくる。コギトつまり「考える」存在は、自由である。でなければ、思考は魂に内属する性質などではなく、身体の単なる一機能、ただしきちんとプログラムされた機能にすぎない、ということになってしまうだろう。こうして自由は、意志と自発性の同義語となる――「[……]自分自身のみを顧慮する場合、意志的であることと自由であることとが一にして同じものであること、あるいは両者のあいだに相違の認められないことを経験しない者は誰ひとりありません[20]」と述べられているように。この自由に証明など必要ない。この経験ならびに〔その経験が〕明証的であることの両方から知られるからだ[21]。そしてそれは、非決定の状態である。つまり、取捨選択のための能力、あるいは自由裁量と呼ばれるものである。敷衍するなら、意志には、一方の側に自分〔の選択〕を決定しているのに、それとは反対のほうに向きを変える能力がある、ということである。しかし、このことよりも根源的なのは、気がねや遠慮がないことのほうである。これは、〔物事をよりいっそう容易になせるという意味での〕自由の特徴をなす。デカルトは述べる、「というのも、私が自由であるというためには、二つの対立するもののどちらかを選択するのに非決定であるということは必要ないのであって、逆に、一方の側に私が［……］傾けば傾くほど、私はいよいよ自由にそちらを選択し、また採用するのである」。したがって私たちは、非決定の状態になくても自由である。こうして「〔私を一方の側に向かわせる〕神の恩寵も自然のもたらす認識も私の自由〔の度合い〕を決して減少させることはなく、むしろ増大し強化する[22]」。もし非決定の状態が、知性の提示する善ないし真の明証性にすら左右されない意

(19) 一六四五年九月一日付エリザベト宛書簡（AT IV, 287）〔知第六巻三二九頁〕。

(20) 「第三反論に対する答弁」（AT IX-A, 148）〔白第二巻二三二頁〕。一六四五年二月九日付メラン宛書簡では、「自由であること、自発的であること、意志的であることは、まったく同じことなのです」（AT IV, 175）〔知第六巻二一七頁〕とも述べられている。

(21) 「私たちは自分自身のうちに、自由があることを絶えず経験する（*experimur*）」（『哲学原理』第一部第六項〔白第三巻三五頁〕）。『哲学原理』第一部第三九項、第四一項も参照のこと。

(22) 『省察』（AT IX-A, 46）〔白第二巻七七頁〕。

志の在り方を意味するなら、自由はそれと反対に、善ないし真の明証さに同意し、それ以外は何も望まない意志の占有物だと言える。「私たちが自由であるのは、善と真への無知が私たちを非決定にする時ばかりではなくて、別けてもまた或る事物《もの》の明晰かつ判明な認識がこれを追い求めるように私たちを駆りやり、また、私たちを縛る時なのですから、非決定は人間的自由の本質には属さないのです[23]」。こうして非決定の状態は、「自由の最も低い段階であって、意志における完全性をなんら証示するものではなく、ただ単に認識における欠陥を証示するものでしかない[24]」と言われる。それは〔意志の〕完全さを証左するどころか、その反対に、〔意志が真ないし善とは別のものを目指そうとする時に〕どこから過誤となり、また罪過となるのかを確定するものである[25]。このように考えてくると、〔自由と引き換えに〕責任が生ずるわけで、自由とは、単に気がねや遠慮のない状態のことだとは言い切れなくなる。むしろ責任ということのために、自分の取捨選択の能力を決断に向けて〔正しく〕用いなければならないし、注意作用の向かうところに間違いの決してない同意を与えなければならない。私たちの行為に意義と自発性が認められるなら、それはただこのような条件においてなのである。なるほど自由は、真と善に関する明証的な認識が手元にない場合は、〔そのために決断を下せないので〕否定的な非決定を意味する。しかし、明証的なものが〔精神の〕眼前にある場合でも〔それに抗って別の方向に〕自分で自分を決定する権能のこととして理解されるなら、それは〔この明証的なものによる決定とは別に自分で下した決断に従うという意味で〕積極的な非決定となる。こうして私たちは、いよいよ決断を下そうという時になっても、「いっそう良いことを知りながら悪いことを追い求めることが」できてしまう。ところで同意するということが、「一方よりはいっそう他方へといかなる明証的な根拠によっても駆り立てられない場合における意志の作用においてだけでなく、およそすべての意志の作用において」この意志の能力つまり〔端的に言うなら自己決定という〕自律[27]のこととしても見なされることに鑑みれば、同意する場合と同程度の自由が拒否する場合にもあるはずである。私はこうして、最悪のことを行うという選択肢を自由に選び取れる場合でも、〔その選択を自由に拒否して〕最善のことを行うように自分をそちらのほうへ自発的に傾けることができる。「きわめて明証的な根拠によって私たちが一方の側に動かされる時、実践的な意味では反対の側へと私たちは赴くことがほとんどできないにもかかわらず、絶対的な意味ではしかし、そうすることが

(23) 「第六反論に対する答弁」(AT IX-A, 233-234)〔白第二巻四九四頁〕。
(24) 〔訳注〕『省察』(AT IX-A, 46)〔白第二巻七七頁〕。
(25) 一六四四年五月二日付メラン宛書簡では、「しかしあなたに対しては、罪過を犯すどんな機会においてもそこには非決定があるということを、私は認めましょう」(AT IV, 117)〔知第六巻一五五頁〕と述べられている。「第三反論に対する答弁」(AT VII, 376)も参照のこと。
(26) 一六四五年二月九日付メラン宛書簡(AT IV, 174)〔知第六巻二一六頁〕。
(27) 『哲学原理』第一部第三七項〔「人間が意志によって、すなわち自由に行為すること、またそのことによって、或る独特のしかたで自分自身の行為の作者であり(……)」(白第三巻五二頁)〕を参照のこと。

私たちにはできる[28]」からである。おそらくここには、意志を究極的な実在と見なすスコトゥス的な捉え方の反響を見てとるべきなのかもしれない。それによれば、知性の提示するさまざまな根拠さえも意志と比べたら究極的とは見なされないのである。

厳密に言えば、積極的な意味での非決定は、さまざまな価値を自由に設定する存在としての神の権能のうちに見出されるものである。「神における全《まった》い非決定は、神の全能のこのうえもない証拠なのです。しかしながら、人間について言えば、すべての善と真の、すでに神によって設定され、また決定された本性を彼は見つけ出しているのですから、彼は非決定ではない[29]」。そうすると人間は、真ないし善が明証性を備えて現前しているのにそのことを否定する時、自分の意志をあたかもさまざまな価値の創造者のように見なしている、ということになる。デカルトは述べる、「[神]は、一つにして同じの、しかも最も単純な働きによってすべてを理解し、意志し、そして遂行する。[……]どのようにしてそれが生じるのか、私たちは自分に対して表象する（*concipere*）ことができません。それをただ知解するだけなのです。しかし〔知解するのとは〕別のしかたで私たちが表象するということがどこからくるかと言えば、それは、神を人間として、つまり多くの異なる働きによってすべてを作り出す人間として考察するからなのです[30]」。人間の意志は無限であるといった主張は、神にのみ認められる積極的な意味での絶対的な非決定を人間に付与することに帰着しかねない。しかし、私たちが「より多くのしかたで神の像に依拠している[31]」と言われるのは、このような経路を介してではない。むしろそれとは反対にデカルトがはっきりと主張するのは、私たちが自由の最も高い段階に到達し、またこうして、神的な自由に、より個別的には神人たるイエス・キリストが持ちえた自由に近づくのは、まさしく私たちの意志が過たずに決定されている時〔つまり非決定の状態に置かれていない時〕だ、ということである。人は自分のさまざまな行為を通じて、知性と意志の一致という神的モデルを目指さなければならない。人が称賛されるのは、キリストに倣うから、つまり大文字の父〔すなわち神〕の意志に従うことで間違いを犯さないようにするから、なのである。「また、行うべきことを明晰に見てとって、イエス・キリストがこの世で行ったように、いかなる非決定もなしに間違いなくそれを行う人は、やはり称賛に値し続けるのです[32]」。キリストは、有限なもののうちに受肉した無限なもの、つまり神人に他ならない。そしてこのキリストのうちに示されるのは、自由の絶対的な姿である。ただし、絶対的と言っても、人間の権能のうちにあるかぎりにおいてである。つまり、全体としては或る方向に決定されながらも自発的な取捨選択をしうる意志という権能である。

---

(28) 一六四五年二月九日付メラン宛書簡（AT IV, 173）〔知第六巻二一五頁〕。
(29) 「第六反論に対する答弁」（AT IX-A, 233）〔白第二巻四九四頁〕。
(30) 〔訳注〕『ビュルマンとの対話』（AT V, 166-167）〔白第四巻三七一頁〕。
(31) 『ビュルマンとの対話』（AT V, 156）〔白第四巻三五四頁〕。
(32) 一六四四年五月二日付メラン宛書簡（AT IV, 117-118）〔知第六巻一五六頁〕。

III　高邁の精神

人間の意志は、神が設定したさまざまな価値など自分には関係がないかのように振る舞うことで、高慢という情念を〔当人の心のうちに〕引き起こす。しかしそこまで行かずとも、意志は働いているかぎり自分について或る情念を抱く――「人間が正当になしうるかぎり最大限に自己を重視するようにさせるところの、真の高邁[33]〔という情念〕は、ただ次の二点において成り立っている。すなわち、その一方は、上述の自由な意志決定の他に真に自己に属しているものは何もないこと、〔……〕他方は、みずから最善と判断するすべてを企て実行するために、その自由意志をよく用い、意志を決して捨てまいとする確固不変の決意を自己自身のうちに感得することである。すなわち、完全に徳[34]に従うことである[35]」。意志に何かが装備されているとしたら、他でもない、意志の働きそれ自体がそうである。つまり、魂が自分の力を発揮すると〔自分のうちに〕沸き起こってくる充足感こそが、ここで言う装備なのだ。それは「情念のいかに激しい衝撃も、魂の安らかさを乱す力を有することは決してない[36]」と指摘されるほどのものである。とはいえ、この魂の安らかさにストア派を想起させるところは何もない。なぜなら、それは情念に基づいたものだから〔デカルトと違いストア派は情念の不在（アパテイア）を称揚する〕。つまり、私たちが高邁な時に感じる情念、自分の断固たる意志を毅然と使用する時に感じる情念である。このようなことを述べるのは、私たちが実際に支配し、また所有しているのは、自分の意志しかないからである。デカルトによれば、「或る情念は過度に傾けば傾くほどそれだけいっそう有益であると申し上げた時、私はただ、完全に良い情念についてのみ述べたかったのです。情念は理性の支配下に置かれなければならないと付け加えて申し上げた時、私はそのことを示しておきました。〔……〕こうして、大胆さが過度になって無謀さになるのは、それが理性の限界を超える時だけですが、その限界を超えないあいだも、別の過度に傾くことはありえます。つまり、いっさいの決断を控えることがないという意味での過度です[37]」。高邁の情念とは〔前述したように〕魂の安らかさのことであるが、それは、この安らかさが自律を、つまり、自分以外の指図を受けないでいられる意志の能力を意味するかぎりにおいてである。それとは反対にさまざまな情念は「多くの場合、互いに相反するものであるから、意志を交互に自分の側に引き

(33) 「高邁〔générosité〕」という言葉は、〔ラテン語の〕*genus* つまり「良い生まれ」という言葉に由来する。
(34) 〔訳注〕デカルトは一六四五年八月四日付エリザベト宛書簡のなかで「理性が勧めることを、情念や欲望に妨げられることなく遂行する決心」の「堅固さ」のことを徳として定義している。
(35) 『情念論』第一五三項〔白第三巻二四七頁〕。
(36) 同上書第一四八項〔白第三巻二四三頁〕。
(37) 一六四五年十一月三日付エリザベト宛書簡（AT IV, 334）〔知第六巻三六四―三六五頁〕。

寄せ、こうして意志を意志自身と戦わせて、精神をこのうえなく嘆かわしい状態に陥らせる[38]」。ところで、人が自分のことを適切に評価していると言えるのはどのような時か。それは一つしかない。行為は意志の現れであるから、あれこれの行為に照らしてみて自分が過不足ない在り方をしている時である。他人に良い印象を与えようとすることは問題ではない。自分について良い印象を持てるかどうかである。デカルトは〔パスカルなどとは異なり〕、古典主義時代〔つまり十七世紀〕に頻繁に用いられた自己愛という言葉を持ち出すことはない。なるほどそれはそうだとしても、高邁がその対義語であることには変わりない。なぜなら、高邁という情念は「他の誰よりも自己を先立たせず、他人にも自分と同様に自由意志が備わっているのだから、また同様によくそれを行使しうると考え[39]」させるものだから。デカルトはここで、愛に関する考えを〔ジュネーブ司教にして『信心生活入門』(一六〇八年)や『神愛論』(一六一六年)の著者として知られるフランソワ・ド・〕サル〔フランシスコ・サレジオとも。一五六七—一六二二年〕の霊性論から借りてきている。それによれば無私無欲の愛は、私益の追求を軽蔑するほどの、いやそれどころか、他者のためであれば自己の救済すら断念するほどのものである。デカルトが述べているように、「自分を公衆の一部と考えるなら、すべての人に善を施すことを喜びとし、その機会があれば他人の役に立つために自分の生命を危険に晒《さら》すことさえ憚《はばか》らず、さらに他人を救うためには、できるものなら自分の魂を失ってもよいとさえ思うようになる[40]」。

自然現象の法則化にはそれに寄与する確実な認識が不可欠だ。同じことは道徳規則の定式化にも当てはまる。しかし〔『方法序説』第三部によれば〕、そのための確実な認識が得られるまでは、暫定的な道徳に、つまり、真なるものではなく蓋然的なものからなる知恵に身を任せる必要がある。そしてこの道徳は、三つないし四つの格率からできている。第一の格率は、すでに成立している法令や習慣に従うことを求める。第二の格率は、知性のなかにはいまだ明晰なものが見出されないところを、断固たる意志で補うことを要求する。たとえ不確実なものに、いやそれどころか、誤ったものに基づいて行動するとしても、意志の決断のおかげで自分の意図と実際の行動のあいだの結びつきは確かなものになる。つまり、あたかもそうであるかのように行動することが、要するに、自分の決定が或る確実な認識からあたかも導かれたかのようにしっかりとその決定に留まることが求められる。デカルトがこのような道徳論の着想を得たのは、おそらく、当時〔カトリック教会を中心に〕通用していたプロバビリズム〔蓋然論〕(41)の

---

(38)『情念論』第四八項〔白第三巻一九〇頁〕。またJ＝L・マリオン『デカルトの受動的思考について〔*Sur la Pensée passive de Descartes*〕』（パリ、フランス大学出版局、二〇一三年、一三五－一七六頁）を参照のこと。

(39)『情念論』第一五五項〔白第三巻二四八頁〕。

(40) 一六四五年九月十五日付エリザベト宛書簡（AT IV, 292）〔知第六巻三三五頁〕。前掲したフランソワ・ド・サル『神愛論』第九巻（七五九－八〇七頁）を参照のこと。

(41)〔訳注〕たったひとりでも権威ある博士が唱えた意見は、たとえより蓋然的（probable）な意見、つまり、是認するに値する意見や、さらには対立する意見があったとしても、蓋然的とされるに十分だ、とする考え。↓

なかでも、とりわけ〔生歿年不詳だが十七世紀に活躍したフランシスコ会レコレ派（原始会則派）の〕バルナベ・サラダン(42)の主張のうちに、いやいっそうありそうなこととしては、〔カトリック神学者にして、モンテーニュの思索を受け継いだ〕シャロン〔一五四一―一六〇三年〕の主著『知恵について』(43)のうちにおいてだろう。デカルトはこうして一時的に実践の領域について、理論の領域からは排除される原則を受け容れる。つまり、明晰かつ判明なものではなく蓋然的なものに従う、そして理性に従って独りで思考するのではなく、多くの人々の判断を聞き入れる、という原則である。しかし、それはあくまでも見かけ上のことである。というのも最後の格率には、先立つ格率の言っていることを覆すようなところが朧《おぼろ》げに感じとれるから。それによれば、最善の人生を送るという選択をすること、要するに哲学をすることは、蓋然的なものに基づく道徳を確実なものに基づくそれに置き換えることに行き着く。なるほどこれは、哲学をするうえで必定の帰結である。したがってデカルトが〔『方法序説』のなかで〕提示した〔道徳の〕準則は、それに固執しないということを、つまり、乗り越えられるということを特徴とするわけである。しかし当面のあいだは、後悔と呵責を、言い換えるなら、大して望んでもいないのに実際にやってみた時の甘受しなければならない結果が引き起こす、あの苦い思いを取り除くことが急務だ。だからデカルトは言う、「この点では旅人に倣うわけです。旅人はどこかの森でたまたま迷っても、あちらのほう、こちらのほうと、ぐるぐるさまよい歩いてはなりませんし、一個所に足をとめていることはなおさらいけません。いつも同じ方向にできるだけまっすぐ歩き、その方角に向かう決心をしたのが最初はおそらくただの偶然にすぎなかったとしても、つまらない理由でその方向を変えてはならないのです[44]」。もしデカルトがペギーにとって「颯爽と出発したフランスの騎士」であるなら、それはデカルトの哲学が、「目的地に辿り着くということに他を凌駕《りょうが》する価値を見出すような、しかもそうすることだけに重きを置くような思想」だからだ。「今夜の宿がないということよりも〔問題なのは〕とにかく[45]到着することであ

↓これに従うと実質的には許されないことは何もなくなり、結果的に社会を道徳的に腐敗させることになりかねない。こうした観点からパスカル『プロヴァンシャル』において徹底的に攻撃された。

（42）『魂の霊的医者〔*Le Médecin spirituel des âmes*〕』、リール、一六九〇年、三八、一三四、一五三、一七三、そして一七九頁。この点を教示してくださったJ＝P・ゲ〔Gay〕に感謝する。V・カロー〔Carraud〕「暫定的道徳と蓋然性〔Morale par provision et probabilité〕」（『デカルト〔*Descartes*〕』、パリ、バイヤール、二〇〇七年）を参照のこと。

（43）とりわけ第二巻第六章から第一二章にかけて。

（44）『方法序説』（AT VI, 24-25）〔白第一巻三二頁〕。ダンテ『神曲』地獄篇第一歌を参照のこと。

（45）シャルル・ペギー『デカルト氏とデカルト哲学に関する覚書補遺〔*Note conjointe sur M. Descartes et la philosophie cartésienne*〕』（『全散文集〔*Œuvres en prose complètes*〕』第三巻、パリ、ガリマール、一九五七年、一三三九―一三四〇頁）〔ペギー（Péguy）は、一八七三年にオルレアンに生まれる。社会主義運動に関わったのち、雑誌『半月手帖』を主催。カトリック回心後は、神秘主義的傾向の強い詩作活動を続け、第一次世界大戦で戦死〕。

る。とはいえ、どこかに到着するというのは、やりたいことを〔ただ漫然と〕やる、ということではない。やろうと意志することである。つまり、優柔不断なせいで自分のことを見失ってしまわないようにすることである。優柔不断とは、自分の行為を他人事のように捉えてしまうことを意味するのだから、自分のうちに亀裂が走ると言うのに等しい。そして、〔主著『省察』における課題の一つである〕省察的熟考に取り組むということにすら関わってくるのは、この決断する自由なのである。デカルトは述べる、「私の精神は昨日の省察的熟考によって大いなる懐疑でいっぱいになってしまったのである〔……〕。しかし切り抜けよう、そして、昨日踏み込んだあの道を再び辿っていくことにしよう[46]」。

それでも私たちが結局、薄志弱行な人間になってしまうとしたら、それは不安という情念のせいである。そしてこの情念は、悲しみないし苛立《いらだ》ちとして現れる[47]。しかもデカルトの道徳論では、他の情念とは比較にならないほどマイナスのものとして大きく取り上げられている。意志はこれらの情念のもとに置かれた時、その活力が単に弱められてしまうだけでなく、無能になってしまうからだ。デカルトは述べる、「あらゆる種類の欲望が至福と両立しないわけではありません。苛立ちと悲しみを伴った欲望だけが両立しないのです[48]」。苛立ちと悲しみは、不決断というより、不可能を欲すること、つまり〔過去から未来へという〕時間の流れを変え、事物《もの》の秩序を変えようと欲すること〔で生ずるもの〕である。要するに、対象〔それ自体の在り方〕に関わるというよりは、それが或る〔具体的な〕姿をとって〔私たちの眼前に〕現れる際の条件に関わるのだ。私たちの権能では無理なのに、私たちはそうしようと欲して、その思いが決して満たされない状況から抜け出せなくなる。そこから〔『方法序説』第三部における道徳の〕第三格率の強い命令が出てくる。すなわち、運に任せるのではなく、自分で自分を統御しながら、〔私たちを取り囲む諸事物からなる〕世界の秩序よりも自分の欲望のほうを変えよ、という命令である。とはいえこのような欲望の統御も「真理の認識」において前進すれば自ずと不要だと分かる。なぜなら〔この真理の認識に裏付けられた〕完全な道徳は、これ以上は他の情念も欲望も感じなくなるほどの充足感を人に与えるだろうから。「私は〔真理の探求を可能にする〕この方法を使い始めてから、このうえない満足感を味わっていた。人間がこの世でこれ以上甘美な、これ以上罪のない満足感を抱くことができようとは思えないほどであった。〔……〕私の精神はそのために得られた充実感でいっぱいになり、残りのことには

(46)『省察』（AT IX-A, 18）〔㊔第二巻三七頁〕。
(47) デカルトは躊躇《ためら》いについて、それを呵責〔remords〕ならびに後悔〔repentir〕という純粋に道徳的な感情と同一視しつつ、プロバビリズムに見られる議論のさまざまな展開を改めて取り上げている。同様に倦怠感〔フランス語原文では、ギリシア語 *akedia*（アケディア）に由来する acédie という言葉が用いられているが、これは一般に「無関心」を、ただしキリスト教用語としては、祈りや苦行などの熱心な修道生活を妨げる「倦怠感」を意味する〕を霊的な〔spirituel〕含意を込めずに、悲しみに置き換えている。
(48) 一六四五年八月四日付エリザベト宛書簡（AT IV, 266）〔㊕第六巻三〇九頁〕。ここにもまた、前掲したフランソワ・ド・サルの『神愛論』（二七一―二七六頁）からの借用が認められる。

いっさい心を動かされないほどだった[49]」と述べられているとおりである。

これがデカルトによる決定的道徳の内実だろうか。たしかにそうだろう。ただし、世界の秩序を神の摂理によって置き換えるという留保がつくが。この摂理のために私たちは自由であると同時に予め運命づけられた存在になる。「〔……〕このことは、私たちに起こるすべてのことを、神から特別に私たちに送られてきたこととして、良いほうに受け取るように教える[50]」と述べられているのは、そのような意味においてである。このような形而上学的道徳論が展開されるのは、主に一六四五年にエリザベトとやりとりされた書簡において、ついで一六四七年にシャニュに宛てて書かれた幾つかの書簡においてである。実際に形而上学上の真理は、実践上の事柄についても有効で、それというのも「最初の主要な」真理は、「神が存在すること、そして、すべてのものが神に依存し、その完全性は無限であり、その力は広大無辺であり、その決定は無謬である、ということ[51]」だからである。摂理については、〔神の存在に関する〕存在論的証明と類比的な説明のやり方が用いられている――「と申しますのは、〔神の〕存在を証明できるのは、神を最高に完全な存在者と考えることによってのみであり、もし神にまったく由来するわけではないものがこの世界で何か起こりうるとするなら、神は最高に完全ではなくなるからです[52]」。摂理が〔神学ではなく〕哲学の対象になるのは、それが神的無限に関する明晰かつ判明な観念と関連づけられるかぎりにおいてである。デカルトは述べる、「神は人間を、彼らの意志による行為が神の意志に依存しないような本性を備えたものとして創造したと言うことは矛盾を含みます。なぜならそれは、神の力は有限であると同時に無限であると言うのに等しいからです。有限とは、神に依存しないものがあるからであり、無限とは、神はこの独立したものをも創造することができたからです[53]」。私たちは摂理から逃れようとするどころか、「自己がその一部にすぎないような一つの全体〔たとえば家族や社会や国家〕」とそうするように、この摂理と一体になるのを目指す。ところで、何かと一体になるというのは、それを愛することである[54]。こうして形而上学によって基礎固めがなされる道徳は、みずからの意志で摂理の決定に服従することで、神に対する愛を芽生えさせる。デカルトは述べる、「愛の真の対象は完全性ですから、私たちの精神を高めて［神］をありのままに考察する時、私たちは神を自ずと愛するよう

---

(49) 『方法序説』（AT VI, 27）〔白第一巻三四頁〕。
(50) 一六四五年九月十五日付エリザベト宛書簡（AT IV, 291）〔知第六巻三三三―三三四頁〕。
(51) 〔訳注〕一六四五年九月十五日付エリザベト宛書簡（AT IV, 291）〔知第六巻三三三頁〕。
(52) 〔訳注〕一六四五年十月六日付エリザベト宛書簡（AT IV, 314）〔知第六巻三五六頁〕。
(53) 一六四五年十一月三日付エリザベト宛書簡（AT IV, 332）〔知第六巻三六五頁〕。
(54) 一六四七年二月一日付シャニュ宛書簡（AT IV, 611）〔知第七巻二四三頁〕。アウグスティヌス『秩序』（第二巻第一八章四八〔「すべて愛とはどういうものであろうか。それは愛する対象と一つになることを欲し、そしてその対象に接触すれば、それと一つになることではないだろうか」〔清水正照訳、『アウグスティヌス著作集』第一巻、教文館、一九七九年、三一五頁〕〕）を参照のこと。

になり、その結果、私たちが〔何かに〕苦しむ場合もそれは神の意志によるのだと考えることで、私たちはその苦しみから喜びさえも引き出すのです[55]」。形而上学は無限なものについてなされる省察的熟考であるから、それは必然的に〔無限なものに対する〕愛を内包したものとなる。「然るべく神を知り、神を愛する時には、〔……〕神の意に適うと信じることをなす以外、他の情念はいっさい抱かない[56]」と言われるのは、その意味においてである。形而上学的な道徳が福音の教えに従うことを称揚するのは、〔そうしておいたほうが無難だろうという〕ご都合主義からではなく、そのことが省察的熟考という努力の最終段階に合致するかぎりにおいてである。「以上すべての事柄〔つまり、神の力能の無限性、その摂理の広がり、その決定の無謬性〕に関する省察的熟考は、それをよく理解する人をこのうえない喜びで満たすのであって、そういう人は、〔……〕自分自身の意志によって自己を全面的に〔神に〕結びつけることで、神をあまりにも完全に愛するがゆえに、この世では神の意志が実現されること以外にはもはや何も望みません[57]」と述べられているとおりである。神を認識するというのは、「自分のすべてを神の意志に委ねる[58]」ことでもある。このような自発的服従は、無私無欲の境地だと言える。しかもそれは〔繰り返しになるが〕、「私たちが〔何かに〕苦しむ場合もそれは神の意志によるのだと考えることで、私たちはその苦しみから喜びさえも引き出す[59]」かぎりにおいてである。もっともデカルトは、愛を「精気の運動によって引き起こされる精神の情動の一つであり、精神が、自己に好都合と思われる対象に意志によって結合するように促すところのもの[60]」と定義している。しかし無限なものは、この好都合という観念と愛を切り離す。彼によれば「神の諸属性は、私たちをはるかに超えるものであるがゆえに、それら諸属性が私たちにとって好都合なものとはどうしても抱懐することができない[61]」。私たちが神を愛さなければならないとしたら、その唯一の理由は、それが神だからであり[62]、打算から神との交流に入ろうとしてはならない。言い換えるなら、無限なものは〔有限な人間との〕関係が一義的に定まらないからこそ、愛もまた同様に一義的には定まらない。つまり、私たちが神を愛しうるとしたら、それは共通の尺度では計れない愛によってである。しかも、神を愛するのに私たちの側から何かを持ち込むこともできない。自分たちにとってのメリットであるとか、〔愛することの〕代償として報われたいという願望であるとか、

(55) 一六四五年九月十五日付エリザベト宛書簡（AT IV, 292）〔知第六巻三三四頁〕。
(56) 同上書簡（AT IV, 294）〔知第六巻三三五頁〕。
(57) 一六四七年二月一日付シャニュ宛書簡（AT IV, 608）〔知第七巻二四一頁〕。
(58) 一六四五年九月十五日付エリザベト宛書簡（AT IV, 294）〔知第六巻三三五頁〕。前掲したフランソワ・ド・サル『神愛論』（第一巻第一五章から第一八章、第九巻第四章）を参照のこと。
(59) 同上書簡（AT IV, 292）〔知第六巻三三四頁〕。
(60) 『情念論』第七九項〔白第三巻二〇四頁〕。
(61) 一六四七年二月一日付シャニュ宛書簡（AT IV, 607）〔知第七巻二三九頁〕。
(62) 一六四五年九月十五日付エリザベト宛書簡（AT IV, 293）。

そういったものを持ち込むことはできないのである。その意味でやはり無私無欲と言える境地だが、これに到達できるのは、まさしく「最も偉大な魂」の持ち主であって、「弱く卑しい魂」の持ち主は、神を愛するかのようにそれ以外のものを愛してしまうために、自己愛にひたるばかりである。デカルトは述べる、「自分を本来以上に評価するのは、弱く卑しい〔魂〕に他ならず、彼らはたった三滴の水で満たすことができる小さな器のようなものです。〔……〕こうした低俗な魂を、他人のために労するように促すには、そこから自分自身のために何か利益を引き出せることを示すしかありません[63]」。要するに『方法序説』第三部で〔デカルトの考察は、暫定的な道徳が提示した〕暫定的な道徳から大きく隔たったことは要求できない、ということである。だからこそ〔デカルトの考察は、暫定的な道徳が提示した〕プロバビリズム〔つまり蓋然論〕から、純潔の愛をめぐる神秘主義へと進んでいく。というのも彼は次のように述べているから——「神のこの決定をこれほど愛し、〔……〕自分はそれに全面的に依存するものだと分かっているので、たとえ神の決定から予想されるものが死あるいはなんらかの他の悪であって、万が一それを変えることができるとしても、そうしようと意志することはないでしょう。〔……〕悪や苦悩が神の摂理に由来するものであるからには、これらを拒むことはないのです[64]」。つまり、断固とした意志でもって内面の呵責〔などの苦悩〕を鎮めさえすればよい、という話ではもはやないのだ。むしろ、この断固とした意志を神の意志と結びつけ、さらには、神の意志に従わせることが問題なのである。神の摂理が〔この世界のうちに〕実現するのは、私たちに固有な意志する能力を介してである。ならば私たちが、悲しみ、苛立ち、あるいは不安に苦しめられるといった事態も〔本来は〕ありえないことなのだ。

神への愛は、〔デカルトの念頭にある〕決定的な道徳の目標であると同時に、形而上学の全重量を受けて導き出される結論にして確証である。つまり、神を愛することにおいて立証されるのは、形而上学が対象とするのは神そのものであって、「神性」[65]といった曖昧な概念などではない、ということである。なぜなら形而上学によって与えられる神認識は、或る一つの情念を、しかも最も「激しい」[66]情念を伴っているから。これは魂においても身体においても感じとられるもので、〔人を〕「完全に幸福にする」[67]。もし神に関する認識が無限という観念に基づくものでなかったら、形而上学は単なる認識行為に留まったままで、驚嘆という情念にまで広がっていくことはありえなかっただろう。神は、私たちの学知の基盤であると同時に、私たちの意志が目指すべき終極でもある。こうして決定的な道徳は、神中心主義として特徴づけられることになる。無限なものに関する形而上学を神に対する愛へ、しかも「このうえ

(63) 一六四五年十月六日付エリザベト宛書簡（AT IV, 316-317）〔知第六巻三五八頁〕。
(64) 一六四七年二月一日付シャニュ宛書簡（AT IV, 609）〔知第七巻二四一頁〕。前掲したフランソワ・ド・サル『神愛論』（第九巻第四章、七六八―七七〇頁）を参照のこと。
(65) 一六四七年二月一日付シャニュ宛書簡（AT IV, 607）〔知第七巻二四〇頁〕。
(66) 同上書簡（AT IV, 610）〔知第七巻二四二頁〕。
(67) 同上書簡（AT IV, 609）〔知第七巻二四一頁〕。

ない[68]」「最も見事で最も有益な情念[69]」へと作り変えていくのは、神の存在について与えられる幾つかの証明よりも、はるかに本質的なことなのである。デカルトの著作群[70]のなかで、〔神への愛を引き起こす〕観想と〔神の存在を理知的に解明する〕証明という〔それぞれ異なった〕次元に属するものがしばしば重なり合うゆえんである。

Ⅳ「カルヴァンよりも厳格な」デカルト

神と魂に関する諸問題は、神学よりも哲学によってこそうまく処理できる[71]。しかしその点からすると〔哲学の一部である〕形而上学は、隘路《あいろ》を進む修練だと言える。なぜなら、〔人間〕理性の能力ではどうしようもできない対象をめぐって〔それでもあえて〕反省的に考察しようとするから。デカルトは述べる、「このような高尚な主題に関して私の哲学があえて口をはさむのは、あまりにも放縦であると判断されるのではないかとすら怖れています[72]」。このように放縦に流れてしまうと、〔神によって〕啓示される題材を横取りしかねなくなる。しかしこのような放縦さは、スピノザのうちにこそ認められるが、デカルトの場合は決してそうではない。というのも彼は、神学の独自性を確保するのとまったく同様に、哲学にも自律性を要請しようとするから――「神の存在は、聖なる三位一体の三つの位格が、信仰の光に照らされた精神によってでなければ知解されえないものであるがゆえに、まだ知られていないとするにしても、やはり明晰に認識されうるのです(73)」。自分の限界を乗り越えようとして諫《いさ》められるのは、哲学よりも神学のほうである。次のように述べられているのはそのかぎりにおいてだ。「私たちはたしかに、神学上の諸真理が哲学上のそれらと矛盾しないことを論証できますし、また論証しなければなりませんが、しかし神学上の諸真理をどのようなしかたでも検討してはならないのです。そしてこのことによって修道士たちは、彼らの神学すなわちスコラ神学によって、あらゆる宗派と異端にきっかけを与えたの

---

(68) 〔訳注〕一六四七年二月一日付シャニュ宛書簡（AT IV, 609）〔知第七巻二四一頁〕。
(69) 同上書簡（AT IV, 607）〔知第七巻二四〇頁〕。
(70) 『省察』（AT IX-A, 42）、『哲学原理』第一部第一九項、一六四七年二月一日付シャニュ宛書簡（AT IV, 608）。おそらくここでは、アウグスティヌスが言う「真理の喜び〔*gaudium de veritate*〕」という次元が〔デカルトの〕念頭に置かれているのではないか。
(71) 「パリ神学部宛書簡」〔によれば「つねに私は、神と魂に関する二つの問題を、神学に仰いでというよりはむしろ哲学に仰いで論証されるべきもののうちの主要なものであると思量してまいりました」〕（AT IX-A, 4）〔白第二巻九頁〕。
(72) 一六三〇年五月六日付メルセンヌ宛書簡（AT I, 150）〔知第一巻一四〇頁〕。
(73) 「第六反論に対する答弁」（AT IX-A, 241）〔白第二巻五〇四頁〕。

ですが、このスコラ神学こそ何よりも先に追い払われなければなりません[74]」。だからといって、信仰と哲学が対立させられるわけではない。むしろ、神は聖書において特異なしかたで顕現していることを認めなければならない。デカルトは述べる、「この〔『創世記』における六日間の〕創造の話は人間のために書かれていますので、そのなかで聖霊〔キリスト教において父なる神と子なるキリストとともに三位一体を形成する第三の位格。人に宿り、啓示を与え、聖化を導く〕が特別に記そうとしたのは主として人間に関することであり、他の事柄は人間に関わるかぎりにおいてしか語られていない、と言うことができます[75]」。したがって、哲学に属する事柄をもって宗教のそれをカバーするのは無理だ。宗教には、恩寵[76]、奇跡[77]、そして秘義に関する事柄が含まれているからである。とはいえそれらに関しては、デカルトの提示する自然学のさまざまな見解と齟齬をきたすことはないと明言されている[78]。しかも宗教は、救済への道筋を指し示す聖書の権威に立脚することで、知性よりも意志へ訴えかける[79]。おそらく、宗教と哲学をこのように厳密に区別することが、神に関するデカルト的な理説を生み出すのに寄与したのだろう。デカルトによれば神は、キリスト教における啓示とは無縁の存在である。自然学上の諸法則を認定する役割しか有していないからである。そしてこのことが、デカルトのそれとは違う合理主義のレッテルを彼に押し付けるのだし、神意による予定のみならず、祈りの効用と聖者たちの選定に関する哲学的な考察の〔デカルトにおける〕展開を無視するのだ。

神は自然の諸法則を制定した原因であるが、同様に人間の自由な行為の原因でもあるから、神の摂理と人間の自由に関する厄介な問題を解きほぐしてくれるのは、他でもない、この神は無限であるという形而上学的な認識である。デカルトは述べる、「神はまったく変易不能であり、形而上学的には神をそれ以外のしかたで表象することは無理です〔……〕」。それでは倫理と宗教に関してはどうでしょうか。それらにおいて神は人間の祈りによって変易可能であるという意見が強くなっています。というのは、誰であれ、もし神が変易不能であることを知るなり信じ込むなりしていたら、神に祈りはしなかったでしょうから」。そうすると困難は、「神の変易不能性は人々の祈りと和解する」[80]かどうかである。だからといってここで問題になるのは、神学の領域に哲学を招き入れることではない。むしろ、神学が哲

(74)『ビュルマンとの対話』（AT V, 176）〔白第四巻三八九頁〕。
(75)一六四七年六月六日付シャニュ宛書簡（AT V, 54）〔知第七巻三一九頁〕。
(76)一六三七年五月末、メルセンヌ宛書簡（AT I, 366）。
(77)『哲学原理』第一部第二五項。
(78)一六三七年十月三日付フルネ宛書簡（AT I, 455-456）。
(79)一六三八年八月の某〔ホーヘランデ〕氏宛書簡（AT II, 347-348〔知第三巻二七一–二八頁〕）、一六四三年ボイテンデイク宛書簡〔「信仰は意志に属することであり、信仰のことは脇に置いて、自然的理性によって、「神が存在するかどうか」を吟味することができる（……）」〕（AT IV, 63〔知第六巻九九頁〕）。
(80)『ビュルマンとの対話』（AT V, 166）〔白第四巻三七二頁〕。

学によって乗り越えられることである。つまり、神学上の行き詰まり《アポリア》を解消するには、祈りの有益さ、あるいは私たちに〔神から与えられると〕想定される功徳〔キリスト教用語で、或る善業を行うことで得られる報償を受ける権利、またその報償そのもの〕の有益さ〔について思考すること〕から出発するのではなく、無限について明晰かつ判明に知解することから出発しなければならないのである。[81] 実際に〔本書のとりわけ第四章第一節で見たように〕、真理の永遠性について論じられることは、私たちの行為が偶然的〔つまり自由〕な在り方をしていることにも当てはまる。神の能力は無限であるため、真なるものの必然性によっても、私たちの行為の善良さによっても決定を促されない。「それによって現に存在しているすべてのものと、存在しうるすべてのものとを、永遠の昔から知っていた（*præscivit*）ばかりでなく、また意志した（*præordinavit*）神の全能は、無限である」[82]。私たちは、神が永遠の昔からそうと認識し、また意志してきたことを手に入れるまでである。そしてそれは、私たちの功徳ないし祈りを介して特別になされてきた。要するに、神による予知〔の中身〕は神によって予定されたものに他ならない、神が見通すのは、神が欲し、また行うところのものでさえある、ということである。したがって、もし幾人かの神学者たちが神の力能と人間たちの自由を両立させることに「非常に大きな困難[83]」を感じているとしたら、それは彼らに無限に関する形而上学が欠けているからだ。そしてこの困難のせいで、神が決定を下すのは私たち〔人間〕の無条件ではない意志の在り方について理解してからのことだ、などと主張されるようになる。しかも〔デカルトの考えとは異なり〕、真理が永遠なのは神の力能から独立しているからだ、と断言されるようにもなる。ところが〔私たちには〕、何をもってしても〔さまざまな事物《もの》の〕本質と〔これに関する〕神の決定の関係をめぐって口出しをすることなどできない。〔スペインのスコラ学者・イエズス会士ルイス・デ・モリナ（一五三五―一六〇〇年）が主に唱えた〕私たちの行為に関する中間知〔人間の将来における自由な行為について神が有している知で、この知によって神は人間が何を行うかを認識するが、人間は欲すればその反対ができる〕どころか、私たちが永遠と判断する真理の必然性を持ち出しても、それは無理な話なのである。こうしてデカルトの考える宗教においては、人間の自由裁量の取り分が最小となり、神の全能の取り分が最大になる。その意味でデカルトは「〔プロテスタントの〕ゴマルス派(84)の人々と一致するのであって、〔やはりプロテスタントの〕アルミニウス派の人々とも、また自分の宗派〔つまりカトリック〕の人々のうちでは、イエズス会士たちとも一致しない(85)」。ところで、ゴマルス派に相当するカトリックの立場は

（81）『哲学原理』第一部第四一項。

（82）同上書第一部第四一項（AT IX-B, 42 ; VIII-A, 20）〔白第三巻五四頁〕。

（83）〔訳注〕『哲学原理』第一部第四〇項（AT IX-B, 42 ; VIII-A, 20）〔白第三巻五四頁〕。

（84）〔訳注〕オランダのカルヴァン派神学者（一五六三―一六四一年）。カルヴァンの予定論に関して、救済における人間の自由意志を主張するアルミニウス（一五六〇―一六〇九年）に反対し、正統カルヴァン派として、堕罪以前説（人間の救済に関する神の決定は人類の創造と堕罪に先立つとする考え）を主張した。

（85）『ビュルマンとの対話』（AT V, 166）〔白第四巻三七二頁〕。アルミニウスによれば、自由裁定の能力は↓

どのようなものか。アウグスティヌスである。実際に、神意による予定という問題をめぐるデカルトの発言のうちにその教義を認定するのは簡単なことだ。アウグスティヌスによれば、神の予知が対象とするものに変更ということはありえない。というのも神は、〔自分の意志による〕予定は有効だ、ということを認識しているから。アウグスティヌスは述べる、「聖徒の予定は、神の慈しみの予知であり、準備であり、これによって救われる者は、救われるのである[86]」。したがってレジスが、〔「私たちの意志の自由と神の予定はどうすれば互いに調和させられるか」を論ずる〕デカルトの『哲学原理』第一部第四一項を注釈する時、アウグスティヌスの書簡四七[87]を参照しているのは当然である[88]。ライプニッツはさらにその先を行き、デカルトのことをカルヴァン〔一五〇九―六四年。フランスの宗教改革者。厳格な聖書主義を採り、神の絶対的権威を主張して予定説を提唱〕のようだと評する。その証拠として、デカルトの次の発言が挙げられる――「人間の精神のうちに入り込めるどんな些細な思考も、すべて神がそのように欲し、永遠の昔からそう欲していたものばかりであることは、哲学のみによっても十分に知られます[89]」。ライプニッツにとって「デカルト氏は、悪に関する神の意志について、いささか露骨に言いすぎた」。「彼は、私たちが自由意志によってかくかくのことをするということを神は既に知っていたと言うだけではなく、さらに神はそれを欲していたとまで言っているのである。もっとも、だからといって神がそれを強制していたとしているわけではないが。〔……〕カルヴァンですらこれほどはっきりとは言わなかった[90]」。デカルトは、カルヴァン以上にカルヴァンのことを、あるいはジャンセニズム[91]を奉ずる者なのだろうか。

神学、宗教、そして形而上学を分離するのは、見かけほど単純なことではない。神意による予定をめぐる考察は、啓示を論ずるための道具立てにはよらずに、神のさまざまな属性を形而上学的に認識することだけから導かれる。しかし、人間のさまざまな状態〔たとえば神の恩寵を受けた状態や原罪を犯す前や犯

↓原罪によっては損なわれず、恩寵は不滅ではなく、したがって予定論は条件つきのものであるという。一六一〇年から一九年にかけてドルドレヒトで開催された会議〔オランダ教会の重要な会議。幾つかの教会会議が同市の大教会を議場として行われた。最も有名なのは一六一八年から翌年にかけて開かれたそれ。反カルヴァンのアルミニウス派が予定論に反対して一六一〇年に発表した宣言を論駁、論争に決着をつけた〕では、ヴォエティウスが先導したカルヴァン派の教義が勝利した。

(86)『堅忍の賜物』第一四章三五〔小池三郎他訳、『アウグスティヌス著作集』第一〇巻、教文館、一九八五年、二九四頁〕。

(87)〔訳注〕金子晴勇訳、『アウグスティヌス著作集』別巻一、教文館、二〇一三年、一二一－一二八頁。

(88)前掲した『理性と信仰の使用』(第一巻第二部第三〇章、三七六頁)。

(89)一六四五年十月六日付エリザベト宛書簡 (AT IV, 314)〔知第六巻三五六頁〕。

(90)『弁神論〔*Essais de théodicée*〕』一六四節〔佐々木能章訳、『ライプニッツ著作集』第六巻、工作舎、一九九〇年、二六八頁〕。

(91)〔訳注〕オランダの神学者ヤンセンの思想に由来して十七世紀中葉に論壇を賑わせた思潮運動。ヤンセンは、アウグスティヌスの思想を、神の恩寵と予定の絶対性ならびに人間の自由意志の無力を強調しつつ再解釈し、パスカルなどに強い影響を及ぼしたが、この思潮運動は教皇によって禁止された。

した後の状態など〕に関する問題については、それと同様というわけにはいかない。デカルトはこの問題を考察するのを拒んでいる。なぜなら、その諸原因に関する哲学的な探求は、啓示の手前で歩みを終えてしまうから。言い換えるなら、「人間が堕落する前は不死だったか、またどうしてそうだったかは、哲学者によって探求されるべきではなく、神学者たちに残しておかなければなりません。どうしてまた人々が〔ノアの〕洪水以前にあれほど年齢を引きのばしていたかについては、哲学者の力を超えています。〔……〕哲学者は自然も人間もただ、今あるがままに考察するだけで、それ以上にはその原因を探索しません。それらの原因は哲学者の力を超えているからです[92]」。しかし、無限について肯定的に認識すべく考察を深めていくことは、そして、この認識のおかげで神学が行き詰《アポリア》まりのために自縄自縛《じじょうじばく》に陥るのを避けることは、デカルトが「キリスト教哲学[93]」に課している役割の一端をなす。こうして機械論的自然学の諸法則によって『創世記』を解釈することは「キリスト教哲学」のもう一つの具体的な事例となる。彼は述べる、「〔……〕『創世記』の最初の章を再読しながら、私の思うところ（*cogitationes mea*）に従えば、すべてが、解釈者たちのあらゆる説明方式によるよりもはるかによく説明されうることを、あたかも奇跡のように見出しました〔……〕。しかし、自分の新たな哲学を説明した後、今ではそれが信仰のあらゆる真理と一致することを、アリストテレスの哲学よりもはるかに明晰に示そうと意図しています[94]」。ここで述べられているのは、まさしくデカルト的スコラ学なるものに訴えかけることである。このスコラ学により、宗教がもたらすさまざまな困難を、しかも聖体〔キリストの体のこと。カトリックのミサにおける聖変化では、パンと葡萄酒に現存するとされる」そのもの(95)に至るまで、解きほぐすことができるようになるのだ。

(92)『ビュルマンとの対話』(AT V, 159 ; 178)〔白第四巻三九三頁〕。

(93)「パリ神学部宛書簡」(AT IX-A, 7)〔白第二巻一一頁。厳密に言うなら、デカルトは「キリスト教哲学」ではなく「キリスト教哲学者たち」という言い方をしている〕。

(94)一六三五年から翌年のあいだ、メルセンヌ宛書簡(AT IV, 715, 698)〔知第一巻三〇二頁〕。実証神学〔キリスト教において、自然神学に対して、歴史的啓示に基づき、その内容の解明を目的とする神学のこと〕は、デカルトが参照するのを受け容れる唯一の神学というわけではない。この点については『方法序説』(AT VI, 6)ならびに「第六反論に対する答弁」(AT IX-A, 230)を参照のこと。

(95)「第四反論に対する答弁」(AT IX-A, 191-197)ならびに一六四五年二月九日付メラン宛書簡(AT IV, 165)を参照のこと。

第六章　科学者デカルト

Ⅰ　デカルト革命

デカルト自然学の独創性はどこにあるかと言えば、それは主に、〔その基礎固めのために〕形而上学を必要としていることである。神の変易不能性から導かれるのは、『哲学原理』第三部の宇宙論が描き出しているさまざまな現象であり、また、慣性の法則——この法則を厳密に定式化したのはデカルトが最初である——、そして等速直線運動と運動量〔quantité de mouvement〕[1]保存の法則である。神は包括的な理解が不可能な無限なものであることを根拠に、〔自然界から〕目的因という考え方が排除される。神の誠実さを根拠に、空間と〔その空間にさまざまな形をとって〕拡《ひろ》がっている物体は切り離せない関係にあることが保証されつつ、空間には真空のないことが正当化される。[2]その一方で、〔神は何についても〕非決定であるため、[3]〔人間は自然学上の諸事についてなんらかの決定を下すために〕実験にどうしても頼らなければならない。形而上学が自然学に付け足されるのではない。自然学のほうが全面的に形而上学的なのである。つまり、拡がり〔延長〕、形、そして運動といった自然学上のさまざまな概念を明晰に定義するのは、形而上学だけだということである。生命体のさまざまな仕組みもまた、神が設定した法則に従う。デカルトは述べる、「動物の神経、血管、骨、その他の部位の多様性と秩序は、自然が力学の法則に正確に従って振る舞い、これらの法則を動物に与えたのは神であるということを想定しているかぎり、これらの部位を形成するのに自然は不十分だと言われることはありません(4)」。神はまさしく作出的な原因〔対象に作用し、その生成・変化・運動を引き起こす原理〕として自然に働きかける。世界〔の創造時〕に〔最初の〕一撃を与え〔て運動を引き起こし〕ただけでなく、世界が存在し続けるようにこれを維持してもいるのである。自然学上のあらゆる現象を説明しうるのは、前述した法則だけであり、また、「あらゆるし

---

(1) 〔訳注〕厳密に言うなら、デカルトが考察する「運動の量(*quantitas motus*)」という概念は、現代の物理学で用いられている「運動量(*momentum*)」という概念と同じではない。なぜなら、デカルトには「質量(*massa*)」という概念が欠けていたから。また彼は、速度の大きさを重視し、その向きが変わることについては考慮していなかったから。ただし、両者は対応関係にあるため「運動量」という日本語で統一的に訳出する。
(2) 『哲学原理』第二部第一六項。
(3) 「第六反論に対する答弁」(**AT IX-A, 233**)によれば、「神における全《まった》い非決定は、神の全能のこのうえもない証拠なのです」〔㊀第二巻四九四頁〕。本書一〇七〔頁ならびに一四二〕頁も参照のこと。
(4) 一六三九年二月二十日付メルセンヌ宛書簡(**AT II, 525**)〔㊈第三巻一九八頁〕。

かたにおいて可分的、形状的、可動的な」物質、つまり「幾何学者が量と呼んで彼らの論証の対象としている[5]」物質もそうである。こうして、〔本書のとりわけ第四章第一節で論じた〕永遠真理創造説において形而上学上の原理として提示されたものが、自然法則を考察対象とする自然学で具体的な展開を見せることになる。それは『哲学原理』のうちに確認できるとおりである——「世界のうちに起こると覚知される変化を別にすると〔……〕、その〔つまり神の〕作品のうちにいかなる変化をも仮定してはならない。もしそのようなことをすればこの〔神の〕うちに不安定性を持ち込む怖れが出てくるから[6]」。この主張は、神の変易不能性に関する一六三〇年の〔研究者のあいだで永遠真理創造説と呼ばれている〕主張に関連づけられる。デカルトは述べている、「神がこれらの真理を確立したのであれば、〔……〕神は真理を変えうると言う人がいるかもしれません。神の意志が変わりうるのであれば、それに対しては肯定的に答えなければなりません。——しかし、私は真理を永遠で不変なものと理解しております。——そして神についても同じだと私は考えております[7]」。神が自然法則を変更できないのは、それが必然的なものだからではない。神の意志には変易ということがないからこそ、自然法則は変化しえないのである。もし物体というものを拡がり〔延長〕によってしか定義できないなら、そして、スコラ学者が物体のうちに認めていた内在的権能が〔この物体から〕剝奪されるなら、権能ということで概念化できるものはただ一つ、神のそれだけである。つまり、神こそが運動の第一原因だ、ということである。だからといって、有限な事物《もの》どものあいだに認められる因果関係が排除されるわけではない。「運動させる力は神自身のものでありえ、神は私たちの精神のような被造的実体を創造する場合であれ、あるいは神が物体を運動させる力を委ねたその他いかなるものを創造する場合であれ、創造の最初の瞬間にそこに置いたのと同量の移動を物質のうちに保存しているのです[8]」というのはその意味においてである。なるほど、自然法則は形而上学によってその基礎固めがなされているので、〔自然のさまざまな現象について〕個々の事例にまで立ち入って決定的なことを述べようとはせず、一般的なことを述べるに留まっている、と反論することもできるだろう。それはライプニッツが強調していることである――「宇宙には同じ運動量がつねに保存されているということ、これこそデカルト派の理説のなかでも最も有名なものだ。しかし、そのことについて証明が与えられているわけではない。というのも、神の恒常性から導き出された根拠というのは、あまりに薄弱なので誰も取り上げたりはしないから[9]」。しかしこれこそが、学問〔つまり自然科

(5)『哲学原理』第二部第六四項〔白第三巻一二一頁〕。F・ド・ビュゾン〔de Buzon〕、V・カロー『デカルトと『哲学原理』第二部〔*Descartes et les « Principia » II*〕』(パリ、フランス大学出版局、一九九四年)も参照のこと。
(6)〔訳注〕『哲学原理』第二部第三六項(白第三巻一〇二―一〇三頁)。
(7)一六三〇年四月十五日付メルセンヌ宛書簡(AT I, 145-146)〔知第一巻一三五―一三六頁〕。
(8)一六四九年八月のモア宛書簡(AT III, 403-404)〔知第八巻二四二頁〕。
(9)『デカルトの原理の一般的部分への注記〔*Animadversiones in partem generalem Principiorum Cartesianorum*〕』、→

学〕の基礎固めを形而上学的に行い、神の諸属性から出発して自然学上のさまざまな法則に内容を、しかも〔私たち人間が自然の諸現象について〕認識するかぎりで関係してくる内容を盛り込んでいく、というデカルトの計画なのである。こうして、神の善性によっても知恵によっても、それ以外の〔神の〕特性のすべてを無視して〔それ単独で〕は、運動量保存の法則を正当化したり、物体の本性を拡がり〔延長〕として定義したりすることはできない。神の完全性を示す〔全知、全能、最善などの〕諸特徴は、学問の土台作りに必要なさまざまな役割を分担しており、また、自然学上の諸真理も神の完全性の個々の内実と無関係ではないのだ。

そのことの証明は、実験が果たす役割のうちに典型的なしかたで与えられている。実験〔がそれとして成立するため〕の条件は形而上学によって説明されるが、実際問題として実験に〔或る特徴的な〕役割が与えられているとしたら、それは、神がこの世界を創造するのにいかなる手段を使いえたかを〔経験によらずに〕ア・プリオリに答えることが私たちには無理だからである。デカルトは述べる、「神が、この世界に存在するあらゆる事物を、数多くの相異なるやり方のそれぞれをもって、いまそう見えるように作りえた、ということは疑いを容れない。しかし人間の精神には、これらのやり方のうち神はどれをもってそうなさろうとしたのかを知ることはできない」[10]。自然学上のさまざまな個別事象を実験によって確証するというのは、形而上学の後退を意味しない。むしろ、その影響力の現れである。実際に、神の力能は非決定だからこそ、さまざまな〔自然学上の〕仮説は等価なものとしてある。それはまた、理論は実験のもとでその正否を決定される、という原則を意味してもいる。「それから、もっと特殊な［事物］に降りていきたいと思った時に、いろいろな事物がたくさん私の前に現れてきましたので、この地球上にある物体の形相なり種なりを、数かぎりない他の事物から――もし他の事物を地上に置くことが神の望むところであったならば、おそらくこの地上に他の事物は数かぎりなくありえたでしょうから――区別することは、［……］人間の精神に可能であるとは思わなかったほどです。どんな個々の結果を見ても、たくさんのいろいろなしかたでその〔私が見つけ出していた〕原理から演繹できることが初めからすぐに分からないようなものは、ほとんどもう何も見当たりませんし、私にとって最も難しい仕事はふつう、個々の結果がそれらのしかたのうちのどのようなしかたで原理に依存しているかを見つけ出すことなのです。というのもこの難しさを切り抜けるには、改めて実験を幾つか探し求める他に方策が私には分からないからです[11]」。

神があらゆる事物をどのように創造したかを知るのはあまり重要なことではない。というのも神は、

→『哲学小論文選集〔*Opuscules philosophiques choisis*〕』所収（パリ、アチエ＝ボアヴァン、一九五四年、四二一–四二三頁）。

（10）『哲学原理』第四部第二〇四項〔井上庄七他訳、『哲学の原理』、朝日出版社、一九八八年、三〇〇頁〕。

（11）『方法序説』（AT VI, 64）〔白第一巻六四–六五頁〕。

私たちにはどう足掻いたところで知りようもない無数の原因によってそれらを創造したから。しかし私たちは、運動と形を幾何学的に捉える諸概念を使用しつつ機械論的なさまざまな原理に立脚することで、数学者による証明が体現している明証性に匹敵するそれを、自分たちの証明に与えることができる。「この物質を分割した諸部分がどれくらい大きいのか、どれだけの速さで運動するのか、またどのような円を描くのかを、私たちは同様に決定することができない。なぜなら神は、それらを数多くの相異なるしかたで調整することができたのであり、そのうちのいったいどのしかたを選んだかは、推論の力によってではなく、ただ経験〔実験〕のみが教えうるはずだからである。したがって、そのうちのどれを想定することも、そこから演繹されることがすべて経験と全面的に合致するかぎり、私たちの自由である[12]」。立証という手続きを不十分ながらも実験によって補うことは、現実世界を機械論的に捉える理論――そのうちには、或る一つの仮説は他の仮説と同等の価値を有するということが含意されている――と表裏一体である。そして、複数の仮説を立てられるということ自体、神は非決定であるという理解から出てくる。そのうえで、神のうちに認められるさまざまな完全性に最適な仮説を採用することは、神の意志よりもその知性の働きのほうを重視する考えに立脚していると言えるかもしれない。しかしこのような見方は、無限なものの働きを人間モデルでもって理解することである。その一方で、神〔の意志〕が非決定であることを認めずに、神の変易不能性という属性から自然法則を導き出そうとすると、神と世界は必然的な関係で結びついていると考えなければならなくなる。しかしこれは、デカルトが断固として拒否することなのである。

II　医師デカルト

解剖学、心理学、光学、音楽、天文学、動物学、そして気象学——これらは三つの〔主要な〕学問に基づく。つまり、機械論、医学、そして道徳論であり、これらは形而上学に根を下ろす。そのうち医学(解剖学、生理学、そして発生学)[13]の占める位置が最も重要である。その目的は、精神ならびに身体の不調を快癒すべく、また、寿命を伸ばすべく[14]、医学上のさまざまな実践を機械論的自然学による「間違いの決してない証明」のうえに打ち立てることである。哲学の効用は何よりもまず「健康の維持」にあ

---

(12)『哲学原理』第三部第四六項〔井上庄七他訳、『哲学の原理』、朝日出版社、一九八八年、一二〇頁〕。

(13)『人体の記述』(AT XI, 245)を参照せよ。また、V・オーカント〔Aucante〕が編纂した〔デカルトの〕『生理学・医学論集〔*Écrits physiologiques et médicaux*〕』(パリ、フランス大学出版局、二〇〇〇年)も参照のこと。

(14)一六三〇年一月のメルセンヌ宛書簡(AT I, 106)。

るはずだ。というのも、「健康は疑いもなくこの世で最も良いものであり、他のあらゆる良いものの基礎になっている」[15]から。哲学者の「主要な目的」は健康の維持であるという主張は、精神と身体を〔事象的に〕分離したために不可避的に引き起こされる〔哲学史上、心身問題と呼ばれる〕難問の産みの親としてその責任を質《ただ》される者によるものだけに、大いに驚かされてしまう。いずれにせよ医学に適用される方法は、それ以外のすべての領域におけるものと変わらない。つまり、知性に備わっている演繹する能力のうえにさまざまな知識を基礎づけること、そしてとりわけ医学の場合は、解剖によってもたらされる知見を援用することである。〔イギリス人医師〕ハーヴェー〔一五七八―一六五七年〕が提示した血液循環に関する〔現代でもそりなりに通用する〕知見は、〔デカルトによれば〕形而上学的原理にまったく基づいていないいため、偶然に発見されたかのように見なされる。医者が考察対象にする物体《コール》は、人間のそれ、つまり身体《コール》であるということは、身体以外のすべての物体と同じく、この身体が寸法、運動、そして形状を有しているという事実[16]、さらに身体上の変化は機械論的自然学の諸法則だけで説明されるという事実になんら影響しない。神経系の働きを説明する動物精気に関する理論はおそらく、古色蒼然としており、本気にされることはほとんどないかもしれない。しかし、それは本質的なことではない。むしろ、あらゆる目的論的な仮構が拒否されていること、これこそがここでの決定打である。つまり身体は、あらゆるオカルト的な力から、また、感覚的魂なるもの〔アリストテレスの魂論によれば動物と人間に備わり、感覚を司る機能を持ち、したがってまた欲求や表象に関わる〕やそれ以外の「理解不能な絵空事[17]」の存在から、解放されなければならない、ということである。こうして心拍という運動の原因は、〔デカルトによれば〕血液の膨張に求められる。ここに質的なものは何もなく、すべては原因と結果から説明される。そしてこれは、医学がどこまでも発展する可能性を秘めていることを意味する。

しかし、人間だけは魂と身体から構成されているので、それ以外の〔つまり動物という〕事物《もの》と同様の不調に見舞われるわけではない。デカルトの以下の発言はその意味においてである――「〔解剖〕はこの一一年来しばしば携わっている実践で、私よりも子細に観察した医者はあまりいないと思われます。〔……〕しかし、この点について私はまだ多くを知ってはおらず、自分の熱を癒やすことさえできません。というのも、私は動物一般については知っていると思うものの、それは人間とはまったく関係がなく、ここで問題になっている個人としての人間についてはなおのこと知らないと思うからです[18]」。つまり熱は、生理学上の不調や脈管の障害よりも、魂の状態つまり悲しみに起因する場合があるということ[19]

(15)『方法序説』(AT VI, 61-62)〔白第一巻六三頁〕。
(16)『精神指導の規則』(AT X, 418)。
(17)『人体の記述』(AT XI, 250-251)。
(18)一六三九年二月二十日付メルセンヌ宛書簡(AT II, 525-526)〔知第三巻一九八―一九九頁〕。
(19)一六四五年五月ないし六月のエリザベト宛書簡(AT II, 219)。

とだ。私たちは、デカルト哲学のうち一部だけを、すなわち心身の徹底した分離に基づく箇所だけを取り出して、残りの部分を覆い隠してきた。しかし、この残された部分にはきわめて豊かな考察の展開が見られるのであって、それは全面的に、精神的なものと身体的なものの実体的な合一に関する分析に当てられている。デカルトは述べる、「身体が健康であることで、精神は悲しみに関与するすべての情念を精神から追放する［……］のを大いに補助するように、同様に今度は精神が喜びに満たされている時には、それは、身体の調子をよりよくするのに、大いに役立ちます[20]」。この場合、最良の医師はやはり自分自身か、あるいはむしろ、自然の、何ものにも束縛されない機能〔つまり自然治癒能力〕である。「自然そのものが自分の回復を得ようとすること、これは自然そのものによって——自分について一番よく自覚している——、外部の医者よりもよく知られていることなのです[21]」と述べられているとおりである。これは、物体〔身体〕には記憶能力があるとか物質には意識作用があるといったことを意味するのではない。むしろ、魂と身体の合一体〔であるかぎりでの人間〕は自ずと自分にとって有益な事柄へ向かう、ということである。しかもこの〔自ずと向かうという〕ことは、神の善性、ならびに神が設定した諸法則の完全性によって保証されている。いずれにせよそれは、生命はあたかも自分のことについて〔「何を必要としているのか」などを〕自覚している、と言うようなものだ。そしてそこに認められるのは、或る種の目的論的生命観である。これは、自然のうちに見出される法則と、魂と身体の合一体〔であるかぎりでの人間〕がこの法則について持つ理解とが合致していることに依拠している——まるで自然は〔人間によって理解されるように〕さまざまな「記号」[22]を設定したかのように。こうして、デカルトが「自然の教え」と呼ぶものは、「自然の合目的性」というカントの概念[23]に比せられることになる。ただし両者は、デカルトにとっての合目的性は認識論上の領域ではなく実生活の領域にだけ介入する、という点において異なるのだが。ともかく生命体は、歯車などの部品が決められたとおりに必ず動くように組み立てられた時計のような機械であって、人間という特殊な機械においてその装置は、言語を操り、〔自然について〕理解するためのものとしてである。こうして、心身医学〔身体器官やその機能の障害を精神的因子との関連で研究する学問〕の発明者としてのデカルトの姿が立ち現れてくる。

ところでホイヘンスは友人のデカルトに、「私たちが普段そうしている以上の生き方[24]」がなんであるかを明らかにして欲しいと頼んだが、そのことは十分に理解できる。しかしデカルトは、私たちには第六感があり、この世には霊的存在もいて、私たちと宿命のあいだを橋渡しするという考えを擁護するに

(20) 一六四六年十一月のエリザベト宛書簡(AT IV, 529)〔知第七巻一六九頁〕。

(21) 『ビュルマンとの対話』(AT V, 179)〔白第四巻三九四頁〕。シャロン『知恵について〔*De la Sagesse*〕』(第二巻第三章)も参照のこと。

(22) 『世界論』(AT XI, 4)。

(23) カント『判断力批判』(パリ、ヴラン、一九八九年、三三一―三四頁)。

(24) 一六三七年十一月二十三日付デカルト宛書簡(AT I, 463)〔知第二巻四九―五〇頁〕。

あたり、迷信家と批難されるのを怖れていた――「私はたびたび以下のことに気づくという経験をしました。すなわち、私が上機嫌で、決して嫌と思わずに行った事柄は首尾よく運ぶのが通例だ、ということです。それで次のようなことにすらなりました。偶然の運だけに支配されている賭け事において、喜びを引き起こす理由のある時のほうがいつも、悲しみを引き起こす理由のある時よりも、運命がいっそう有利に働くのが感じられた、ということです[25]」。たとえ運任せのゲームでも、気分次第ですべては変わりうる。それは〔薬剤師にして心理学者だった〕エミール・クエ〔一八五七―一九二六年〕が提案したような自己暗示療法のすすめだろうか。おそらくそうかもしれない。しかし、それに尽きるわけではない。デカルトが改めて強調するのは、この種の勘、言語化できないような、また、反省を経ていないような、心の奥深いところで働く認識である。それは、心身合一体〔としての人間〕が生きていくなかで身につけるものである。しかもこのような勘は、前駆性を備えている。なぜならそれは、予知能力のことだから。なるほど、嬉々として計画を立案すれば、確実に上手くいく。だからといってそれは、自信は行動するうえで最良のパートナーだから、などといった単純な話ではない。魂と肉体からなる存在としての私たちは、生命という実体に結びついてすらいるから、しかも、生命の流れと淀みを感じとれるほどに結びついているから、なのである。「人生の重大な行為に関して、それが甚《はなは》だ決めかねるものであって、賢慮の徳もどうすればよいのかを教えられない場合、みずからの霊の勧めに従うことはまったく正当であり、また、私たちが何かを企てるのに嫌々するのではなく、通常は喜びを伴う自由な気持ちで当たれば必ず成功する、と深く確信するのは有益なことだと思われます[26]」と述べられているとおりである。私たちがとりわけこの点を「認識しておく」のは、生きていくうえでどのような哲学的概念よりも役立つ。それは、デカルト哲学の本当の信奉者でなければ経験されないものである。つまり、自分のことを身体と精神を同時に備えた存在として認識する者によってである。

III　デカルトにとっての現実

科学者としてのデカルトは〔現代の視点からすれば〕、ほとんどすべての問題について誤っていたと言えるかもしれない。その例外は、〔本章第一節で見た〕慣性の法則、実験観測の役割、自然に関する数学的理解、数学記号の導入、乗数による表記である。とりわけ乗数は現在でも有効な表記法である。それに対して〔デカルト以前の〕十六世紀に書かれた数学書などは私たちにとって読解は容易でない。

運動量保存の法則は、デカルトの同時代人、なかでもライプニッツとホイヘンスによって厳しく批判

(25)　一六四六年十月ないし十一月のエリザベト宛書簡（AT IV, 529-530）〔知第七巻一七〇頁〕。
(26)　同上書簡。

された。彼らは、この法則に代わってエネルギー保存の法則を打ち出した。また、運動に関する法則を純粋に機械論的な観点から定式化することはせず、〔ライプニッツの造語と考えられている動力学（dynamique）が考察対象とする〕活力〔force〕[27]という概念を付け加えた——ただし、デカルト自身も動力学の概念に頼らずに運動について記述することはできなかったのだが[28]。それでも、形勢不利ながらデカルトが考えたかぎりでの科学を復権しようとする試みもある。とはいえ、デカルトとアインシュタインを結びつけることには抵抗があるかもしれない。しかし、これは実際に試みられたことである——「デカルトもアインシュタインも、現代の用語で言えば、そしてデカルトが確実に採用したはずの用語で言えば、不変量〔invariants〕と呼ばれるものについて考察したのだ。デカルトにとって不変量とは運動量のことである。アインシュタインにとっては時空距離のことである。しかしいずれにせよ彼らが関心を抱いたのは不変なものについてである[29]」と述べられているように。ともかく、試しに〔たとえば当時の人々の生活の様子を伝える〕銅版画のうちどれか一枚を選んでみれば、デカルトが科学のうちに引き起こし、その影響が続いている大きな変動とは結局のところなんだったのか、その点が分かるだろう。デカルトは独自のやり方で、〔この銅版画を見ている〕私たちの知覚と〔この銅版画によって描かれた〕現実世界のあいだにはなんの類似性もないという理説を提示した。現実世界の描出としては、幾何学的なそれだけが適切である。しかも感覚は、事物《もの》を写し取ったイメージではなく、さまざまな物体の運動と形によって引き起こされるという。しかしこの運動と形は、「猫」という単語が猫という動物に似ていないのと同じように、感覚とは似ていない。さまざまな事物からなる現実世界と感覚を通じて私たちに立ち現れてくる世界のあいだには因果論的な関係しかない（つまり、物体のあれこれの状態にあれこれの感覚が対応しているというだけである）。だからといって、それぞれのあいだに（つまり、物体と〔それに関する感覚与件の集結拠点である〕脳のあいだに、そして脳と〔この感覚与件を受け取る〕精神のあいだに）なんらかの類似性があるわけでは決してない。こうして銅版画は「紙のうえのあちらこちらに垂らされたインク」でしかないのに、嵐や街や戦さなどを描いている〔と精神によって受け止められる〕ことになる。デカルトはスコラ学者たちが志向的なスペキエス〔可知的・可感的形象〕なるものをめぐって構築した理論に抗うことで、事物の真理は、対象とその知覚が互いに似ているということを根拠に私たちに掴み取られるのではない、と主張する。むしろ、精神だけが〔知覚された事物について〕行う、暗号解読とでもいうべき作業に

---

(27) 〔訳注〕ライプニッツは、「運動量」という概念の数式化を初めて試みたが、先にこの概念を考察していたデカルトとは異なり、mv^2 の総和が保存されていると主張した。ライプニッツはこの量を「活力（*vis viva*）」と呼んだのである。

(28) ガウクロジャー『デカルトの自然哲学の体系〔*Descartes' System of Natural Philosophy*〕』（ケンブリッジ、ケンブリッジ大学出版局、二〇〇二年）を参照のこと。

(29) F・ルリオネ〔Lelionnais〕「デカルトとアインシュタイン〔Descartes et Einstein〕」（『科学史・科学応用史誌〔*Revue d'histoire des sciences et de leurs applications*〕』、一九五二年、第五巻第二号、一五〇頁）。

よってのみ捉えられるのだ[30]。

しかし〔身体を含めた外的物体についてこのような考察がなされるからといって〕、哲学が、物質に還元されることは絶対にないとデカルトの規定する精神について考察するのをやめるわけではまったくない。魂のさまざまな状態は身体のあれこれの状態には関係づけられえないということ、意識は行動や身体の一機能と同一視されるわけではないということ、これらは、デカルトに対して同時代人が投げかけたさまざまな批判の核心にある。なるほどデカルトは、『省察』に寄せられたホッブズの反論に対する答弁[31]のなかでこれらの批判について大方のところ再反論してはいる。しかしこのような批判から出発した〔アメリカの〕認知科学者、ダニエル・C・デネットは、一人称ではなく「三人称」の視点から意識を解明する哲学を構築しようとしている。それによれば、精神のさまざまな状態は、神経に生ずるさまざまな出来事と同一視される[32]。それは、精神的実体と物体的実体をデカルト的に区別する考えを、或る種の論理的行動主義〔「心」というものが指し示しているのは、行動という形式で存在するものだけだとする考え〕に置き換えることに帰着する。この見解によれば行動とその主体は、この「主体」がその行動のうちに、とりわけ言語活動のうちに全面的に位置づけられるかぎりで同一視される。したがって「知性的である」というのは、「知性的ななんらかの事柄を行う」ことに等しい。そうすると、あらゆる思考の源泉をなす、考える私《エゴ》という存在を想定することは、必要とされなくなる。つまり、意識を意識というもの——この用語で理解されているのは実際のところ、〔心理学や生物学の領域で考察される〕学習〔つまり、練習や経験に基づく生物の行動のどちらかと言えば持続的な変容」であるとか、個体と環境の相互作用、さらにはさまざまな心理現象に関する間主観的な観点からの解釈である——によらずに説明することが目指されるのだ。したがって正確を期すなら、コギトというのは、〔「私は思う、ゆえに私は在る」ではなく〕以下のように説明されなければならない——「私のうちには思考がある、ゆえに思考は存在しなければならない」。つまり、考える私、ではないのだ。デカルトはこの私というものを、あたかも、身体という機械のなかにある幽霊、つまり身体的なものを欠いた実在として秘密裏に導入してしまっている。だから、意識の「〔デカルト〕劇場(33)」なるものを想定することは、つまり、幽霊のような私《エゴ》のうちに、さまざまな情報の処理

---

(30)『屈折光学』(AT VI, 112-113)。また、J＝L・マリオン『デカルトの白色の神学について〔*Sur la Théologie blanche de Descartes*〕』(パリ、フランス大学出版局、一九八一年、二三一－二三二頁)も参照のこと。

(31)「第三反論に対する答弁」(AT IX-A, 135-136)。

(32)とりわけ『解明される意識〔*La Conscience expliquée*〕』(パリ、オディル・ジャコブ、二〇〇〇年〔山口泰司訳、青土社、一九九八年〕)を参照のこと。

(33)〔訳注〕デネットが代表作『解明される意識』などで提唱した概念。人間の脳のなかには、小人(ホムンクルス)が住む劇場があり、そのスクリーン上に経験された感覚与件が上映されるという発想を指す。劇場という比喩が使われるのは、情報処理のための「一つの統合的な部位」が脳のなかにあるということを示すためである。デネットは「デカルト(カルテジアン)劇場」に代わる意識モデルとして、「多元的草稿モデル」あるいは「パンデモニアム(百鬼夜行)モデル」を提唱している。

に関わるプロセスを統合することは、断固として拒否しなければならない……というのである。しかし逆説的にもこれは、デカルト以上にデカルト的である。つまり、彼は身体に対して、その機能を説明すると考えられてきた実体的形相(34)や活動原理を付与することを拒むわけだが、それと同様に、しかしこの場合は本人よりも遠くへ進むことで、精神に「魂」〔すなわち活動原理〕という資格を付与するのを拒まなければならないからである。つまり、ニューロンの働き以上のことは、すなわち知解し内省する力などは認められないのだ。言い換えるなら、デカルトは身体〔物体〕からあらゆる活動原理を剝奪して、これを縮減したわけで、それはまた、思考についてもなされなければならない、ということである。そしてそれは、内省する主体の実体性なるものを思考から取り上げることによってなされるのである。

こうして、もし意識というもののその機能への解消が認められるなら、人間についてこのように論じられることは、機械と同じく動物にも当てはまるだろう――もちろん、伝え聞くところによれば機械や動物のあいだにも「会話」が実際に成立するようだ、といった奇妙な主張を持ち出してみたところで、〔人間について論じられることは、機械や動物にも当てはまるということの〕決定的な基準にはならない。そもそも、このような〔人間も機械も動物も同種だという〕考えは、物体〔身体〕的なものの次元と精神的なそれを区別するデカルトの考えとは、はっきり言って対立する。彼にとって人間と動物の違いは、とりわけモンテーニュ(35)が主張するところとは異なり、程度の差ではない。それは自然本性的に違うのだ。つまり、精神と物質のあいだに存在するのと同種の違いである。動物と人間のうちに等しく観察される事柄（言語活動、社会性、狡猾さまで含む）は、理性の存在という一つの同じ原因に由来するのではない。デカルトは述べる、「動物が私たちのように話さないのは、彼らが何も考えていないからであって、器官が欠けているからではありません。動物は彼らのあいだで会話をしているが、私たちはそれを理解できないのである、とすることもできません。というのも、犬や他の幾つかの動物が私たちにその情念を表現するように、もし彼らが思考を有していたとしたら、同様に私たちに表現するはずだからです〔、がしかし実際にはそうしない〕」。(36) 動物に備わっているさまざまな能力はその在り方を変えることがない。

(34)〔訳注〕事物《もの》の成り立ちを形相と質料の二つの観点から捉える存在論において、その独立性と能動性が積極的かつ肯定的に認められたかぎりでの形相のこと。つまり、それ自身がまず実体的に存在し、ついで、形状や意味の定まっていない質料を「形相づける」ものとして捉えられたかぎりでのそれである。このような捉え方を強調すれば、物質から独立した魂や精神に固有な実在性を認める観念論的立場が導き出される。デカルト以降の近代的自然観においては退けられる。

(35)〔訳注〕一五三三年ボルドー近郊出身の思想家、モラリスト。ボルドー高等法院評定官やボルドー市長を務めたのち読書と思索の生活に入り、ルネサンス人文主義の深い教養に裏付けられた人間観察を散りばめたモラリスト文学の最高傑作『エセー』を執筆、一五八〇年に刊行。「私は何を知っているのか（クセジュ）」に約言される穏健な懐疑精神のもと、事物の本質には到達できず、その現象に留まらざるをえない人間理性の在り方を反省し、自己と世界の揺れ動くさまをそのままに描き出すスタイルをとった。一五九二年歿。

(36) 一六四六年十一月二十三日付ニューカッスル侯宛書簡（AT IV, 174）〔知第七巻二〇三―二〇四頁〕。↓

もし動物が何かを喋り、また語るとしても、新しい言語表現を発明することはない。動物が行うことに前代未聞のことなどない。程度の差があるとしたら、それは人間と動物のあいだではなく、動物と機械のあいだだけである。動物は機械と同じく、機械仕掛けの単純な動き以上のことはしない。「動物たちのなかで、器官の配置に従って動いているのは、自然です。たとえば誰にでも分かるように、時計は、歯車と発条《ぜんまい》だけで組み立てられていながら、私たちがありったけの思慮を傾けた場合よりも正確に、時刻を数え、時間を計ることができます(37)」。もし動物が何かを感覚しているとしたら、それは、生理学上の構造に由来することである。つまり「器官の配置」の結果である。そしてその配置はつねに一回かぎりのもので、また、周囲の環境の状態にも左右される。それに対して「理性はどのような場合でも役立ちうる普遍的な道具である(38)」。言うなれば、動物の器官と人間の能力のあいだには、人間の能力と神の無限な属性のあいだにあるのと同種の違いがあるということだ。私の認識行為はむなしくも際限なく進展していくだろうが、神の意志と知性が現実に体現している無限性に到達することは決してないからである(39)。

→一六四九年二月五日付モア宛書簡（AT V, 276-279）も参照のこと。

(37)〔訳注〕『方法序説』第五部（白第一巻五九－六〇頁）。

(38)『方法序説』（AT VI, 59）〔白第一巻五八頁〕。

(39)『省察』（AT IX-A, 37）。

おわりに　デカルトとその子孫

デカルト派の大哲学者と小哲学者

たしかにデカルトは思想史におけるそれ以前とそれ以後の分水嶺であるが、その哲学をデカルト以前の人々によるさまざまな変革の到達点と見なすこともできないわけではない。この観点からすれば、デカルトが〔スペイン出身の神学者・哲学者・法学者のフランシスコ・〕スアレス〔一五四八―一六一七年〕の後期スコラ学に依拠していることは多角的に解釈されてきたと言える。なるほど、スアレスはトマス・アクィナスの哲学を再編成した人物のひとりであり、デカルトはその成果の幾つかを取り込んでもいる。[1]しかしより決定的なのは、ドゥンス・スコトゥスによるトマス哲学の批判的検討のほうである。[2]〔視点を転じて〕デカルトの死後に関して言うなら、伝統的にデカルト派の「小」哲学者と「大」哲学者という区別が立てられてきた。前者は基本的に、自然学上の諸問題と心身結合の問題に取り組み、永遠真理創造説を含む、神の自由に関する〔デカルトの〕革新的な理説について、旺盛な筆力でもって注釈した。また、スピノザはデカルトが歩みを止めた地点から必然論〔存在するすべてのものは必然であるとする説〕のほうへ向かって歩き始めた、というライプニッツの主張を反駁しようとした。つまり、レジス、クラウベルク〔Johannes Clauberg, 1622-1665〕、ウィティキウス〔Christophorus Wittichius, 1625-1687〕、デガベ〔Robert Desgabets, 1610–1678〕、ラ・フォルジュ〔Louis de La Forge, 1632-1666〕、ロオー〔Jacques Rohault, 1618?-1672〕、あるいはコルドモワ〔Géraud de Cordemoy, 1626-1684〕などは、折衷主義を乗り越え〔て独自の思想を展開し〕ようとはしなかった、ということである。しかし、マルブランシュ、スピノザ、ライプニッツといったデカルト派の大哲学者たちの場合はそうではない。彼らは、デカルト哲学を注釈するなり反駁するなりしながら、新しい体系を構築したからである。[3] だが、このように分類してしまうこと

（1） 前掲したマリオンの『デカルトの白色の神学について』（二七一―一五九頁）を参照せよ。

（2） A・ド・ミュラ〔de Muralt〕『中世哲学の争点〔*L'Enjeu de la philosophie médiévale*〕』（ライデン、E・J・ブリル、一九九〇年）ならびにO・ブルノワ「十七世紀のスコラ哲学史のために〔Pour une histoire philosophique de la scolastique du XVIIe siècle〕」（『哲学研究〔*Les Études philosophiques*〕』特集「十七世紀におけるドゥンス・スコトゥス〔Duns Scot au XVIIe siècle〕」、二〇〇二年一―三月、一―一二頁）を参照せよ。

（3） G・ロディス＝レヴィス「デカルト派における可能なものの創造と不可能性をめぐる諸論争〔Polémiques sur la création des possibles et sur l'impossible dans l'École cartésienne〕」（『ストゥディア・カルテシアーナ〔*Studia cartesiana*〕』第二号、一九八一年、二三―一〇五頁）、またE・スクリバノ『デカルトからスピノザへ〔*Da Descartes a Spinoza*〕』（ミラノ、アンジェリ、一九八八年）、さらにTh・ファベーク〔Verbeek〕↓

の不適切さは何か……そう、まさしく類型化に陥ってしまうことである。類型化は、一般化に帰着するか、大風呂敷を広げた比較対照に帰着するか、そのどちらかである。そうすると〔たとえば〕パスカルはどのような扱いをされることになるか。パスカルのうちに哲学はあるかと言えば、なるほどほとんど存在しないだろうが、それでも、そのなかから彼のデカルト的なところあるいは反デカルト的なところを取り出して際立たせてみたり、モンテーニュ、あるいは当然のことながらアウグスティヌス、またトマス・アクィナスなどに比べて、デカルトがほとんど活用されていない点について問われたりする、ということが生ずる。また、デカルト派のなかでも最も的確で、おそらく最も野心的であった人物のひとり、フェヌロンが忘れ去られてきたということについてはどのように説明すればよいか。彼は、無限なものに関する形而上学を展開するという道を前進した。彼に言わせればこの形而上学は、アウグスティヌスによってその基礎が据えられ、デカルトによって学問の域に高められた。いずれも神を隠れた存在としてではなく、人間の内奥に存在するものとして提示したからである。同様に、いかなる理由からアメリカにおけるデカルトの後継者は無視されなければならなかったのか。このように問うのは、トクヴィルが強調しているように「アメリカはデカルトの教えを人が学ぶことの最も少なく、これに従うことの最も多い国の一つ」[4]だからである。もしアメリカ人がその出生からしてデカルト派なら、それは、デカルトがフランスの象徴というよりは民主主義の象徴であるかぎりにおいてだ。トクヴィルは述べる、「平等の時代には人々はみな同じだから、お互いに誰かを信用するということが決してない。だが、みな同じだからこそ、人々は公衆の判断にほとんど無限の信用を置くことになる。なぜなら、誰もが似たような知識水準である以上、真理が最大多数の側にないとは思えないからである」[5]。現実の〔政治体制としての〕民主主義社会では、デカルト哲学が希求する知的な次元における民主主義の場合と同様に、精神の平等は〔誰にも〕譲渡することのできない〔各人に固有の〕権利なのである。

デカルト哲学は注釈されることで、食い物にされ、さまざまに加工され、身動きの取れないものになってしまった。たとえば、人間の意志は無限であるといった類いの注釈がそうである。しかしデカルトは、そのような断定を退けるために全力を尽くす[6]。また、コギト〔つまり「私は思う」という事実〕は形而上学の基礎にして到達点であると見なす注釈、あるいは、哲学者たちの神は、私たちが祈りを捧げ、「畏怖の念から膝まずく[7]」神ではないとする根強い注釈もまたそうである。このような〔神と人の〕対立

→『デカルトとオランダ人〔*Descartes and the Dutch*〕』（南イリノイ大学出版局、一九九二年）を参照せよ。

（4）〔訳注〕アレクシ・ド・トクヴィル『アメリカのデモクラシー〔*De la Démocratie en Amérique*〕』第二巻第一部第一章（松本礼二訳、第二巻（上）、岩波文庫、二〇〇八年、一八頁）。

（5）アレクシ・ド・トクヴィル『アメリカのデモクラシー』第二巻第一部第二章〔松本礼二訳、第二巻（上）、岩波文庫、二〇〇八年、二九―三〇頁〕。

（6）〔訳注〕デカルトは、『哲学原理』第一部第三五項において意志の本質的な在り方として「或る意味で無限である」と述べてはいるが、「端的に言って無限である」と勇み足を踏むことは決してない。

という視点からデカルト哲学を読むことは、無限なものは包括的なしかたでは理解できないが知解することはできるという逆説に全重量をかけて展開される形而上学の特異性を見えにくくする。「今日、デカルトのこのような考えを実際のものにするのはおそらく私たちにとって難しいことかもしれない。なぜなら、デカルトの神とパスカルの神を対比する〔注釈書などの〕あれこれを読みすぎたから。しかし私たちはと言えば、そのような対比こそ忘却の果てへと追いやらなければならない。ここで重要なのは、私たちがデカルト的な神について何を考えているか、ではない。デカルトが神について考えていたことのほうが重要なのである。彼にとって神とは、愛《アムール》を、しかも愛徳《シャリテ》を備えた存在である。たしかにデカルト哲学は、すぐれて神を愛せしめる。それというのも、この哲学のおかげで神について認識されるのだし、それはこの認識のうえに全重量をかけて踏み止まるものでもあるから。つまり、なるほどそのような用語こそ使われてはいないが、デカルトの目にこの哲学は、端的に言ってキリスト教哲学として映っていたのである。聖パウロと聖ヨハネを代父とする哲学である(8)」。

デカルトという党派性

デカルトは哲学者であっただけではない。彼の著作は、当時の政府、社会変革、そして教会と国家の関係に応じてその評価を変えてきただけに、彼はまた、政治的党派の領袖《りょうしゅう》であったとも言える(9)。自分の孤独を、ということは自由を確保することに腐心していたにもかかわらず、メルセンヌ、ホイヘンス、あるいはフェルマといった知識人たち、ホッブズとガッサンディという哲学者たち、そして、とりわけアルノー(10)――のちに〔カトリックのシトー会系〕ポール・ロワイヤル〔女子〕修道院に集った知識人たちの先導役となる――などの神学者たちと膨大な往復書簡を交わした。こうしてデカルト哲学は日を経ずして、オランダと同様にフランスにおいて、熾烈《しれつ》で執拗《しつよう》な論争に巻き込まれることになった。デカルトの著作はこの論争のために、一六六三年十一月、〔ローマ教皇庁の〕禁書目録に掲載された(11)。彼は、伝統

---

(7) マルティン・ハイデッガー『諸問題一〔*Questions I*〕』(パリ、ガリマール、一九六八年、三〇六頁〔「形而上学の存在―神―論的様態」、大江精志郎訳、『同一性と差異性』所収、理想社、一九六一年、七五頁〕)。

(8) H・グイエ『デカルトの宗教思想〔*La Pensée religieuse de Descartes*〕』(パリ、ヴラン、一九七二年、二〇九頁(二二一―二三二頁))。

(9) F・アズヴィ〔Azouvi〕『デカルトとフランス〔*Descartes et la France*〕』(パリ、ファイヤール、二〇〇二年)。

(10) 〔訳注〕一六一二年パリ出身のカトリック神学者。若くしてデカルトの『省察』について「第四反論」を執筆して高い評価を受ける。マルブランシュやライプニッツとの論争でも知られる。主著に、イエズス会の弛緩《しかん》した道徳を批判した『頻繁な聖体拝領について(*De la Fréquente Communion*)』(一六四三年)、ランスロとの共著『一般理性文法(*Grammaire générale et raisonnée*)』(一六六〇年)、ニコルとの共著『論理学すなわち考える技術(*La Logique ou l'art de penser*)』(一六六二年)など。一六九四年歿。

(11) J＝R・アルモガット〔Armogathe〕、V・カロー「デカルトの著作の最初の禁書処分〔La première →

を通じて確立し啓示によって信じられてきた〔キリスト教の〕権威を、それと表裏一体をなしてきたアリストテレス哲学のほうを撥ねつけることで〔間接的に〕、しかしより本質的には、理性だけが誇る権威をこれまでの伝統と啓示に対してぶつけることで揺るがした、と批難されたわけだ。本当のところは〔懐疑主義者や無神論者など〕「すぐれた精神の持ち主[12]」と自由思想家が当然のように持ち出す論拠よりもいっそう堅固な論拠に立脚することで、彼らを反駁しようとしたわけだが、そうすることで逆説的にも彼らに論争のための武器を提供しはしなかったか、ということである。通常の歴史感覚からすれば奇妙に聞こえるかもしれないが、今日日、デカルト派を自称する人たち、つまり信仰を疑い、これを難ずる人たちは、実のところデカルトのかつての論争相手であったと考えられるゆえんである。いずれにせよ十七世紀後半になると、デカルト哲学を〔アカデミズムの世界で〕教授することは禁止された。カルテジアニズム〔つまりデカルト哲学〕とジャンセニズムは一緒くたにされ、それぞれ同じように排斥《はいせき》された。『省察』のフランス語訳者にして、ポール・ロワイヤル修道院周辺の〔ジャンセニズムを奉ずる〕知識人たちとも近しかったリュイヌ公は実際にヴォミユリエ城〔パリ西部のイヴリーヌ県サン＝ランベール＝デ＝ボワに一六五一年から翌年にかけて建てられたが、一六八〇年頃に取り壊し〕でデカルト派たちと会合を開いた〔ことからも分かるように、カルテジアニズムとジャンセニズムには或る種の親和性があったからである〕。しかしその後は事態が反転し、カトリック思想とデカルト哲学、そしてフランス精神の三つが融合されるようになった。「というのも〔デカルトではなく〕アリストテレスに従う者は「良きカトリック信者」とも「良きフランス人」とも見なされえないから」[13]。〔フランスの文法学者、アカデミー・フランセーズの『辞典』編纂に参与した〕ヴォージュラは、デカルトが書いた文章のようであるかをフランス語の基準にした。つまり、明晰な文体の追求、冗長さの排除、そして感情に流された文体の拒否である。フランス語は、さまざまな抽象観念を表現するための言語、体調に左右されるのではなく精神のコントロール下に置かれた言語、各地方に固有な訛りとは無縁の言語というわけだ。またデカルトは、古代派に対して近代派が挑んだ論争〔十七世紀末から十八世紀初めにかけて、古代文学と近代文学の優劣をめぐってフランスで行われた、いわゆる新旧論争のこと〕にも駆り出され、女性の権利の擁護者へと変貌する。〔娘への書簡で著名な〕セヴィニエ夫人〔一六二六―九六年〕は自分の娘にデカルトについて語るのに「あなたの父」と付け加えるのを決して忘れなかったし、十八世紀になると〔作家にして、国王ルイ・フィリップの養育係としても著名な〕ジャンリス夫人〔一七四六―一八三〇年〕は『ご婦人方の集会、あるいはデカルトの再来』という戯曲を〔一七八四

→condamnation des *Œuvres* de Descartes〕」（『文芸共和国通信〔*Nouvelles de la République des lettres*〕』、二〇一一年、一〇三―一三七頁）を参照のこと。

(12)『方法序説』（AT VI, 39）〔白第一巻四四頁〕。

(13) フランソワ・プーラン・ド・ラ・バール『女子教育について〔*De l'Éducation des dames*〕』（パリ、一六七九年、三二三―三三一頁）。

年に〕上演した。さらにデカルト哲学は一七二〇年代には、〔無神論に帰着しかねない〕唯物論者たちの議論に対して最も効果的なキリスト教護教論として立ち現れる。デカルトのようにイエス・キリストならびにキリスト教に関するさまざまな証明を行う、ということさえなされた。フランス革命の立役者たちの場合はどうか。彼らにとって、デカルトは世俗的な崇拝《カルト》の対象になったわけだが、それと同時に、その過剰なまでの抽象志向は幾度と繰り返される批判の対象にもなった。「合理主義は、素性を隠した悪徳に染まっている。それは、生の哲学ではなく、抽象化の体系である。〔……〕人間というものはそこから消え去り、知性のさまざまな能力に関する分析のうちに蒸発する」[14]といった批判である。とはいえブルボン王朝の復古期〔一八一四－三〇年〕、ヴィクトル・クーザン[15]の働きかけにより、デカルト哲学は公認のものとなった。実際にジュール・フェリー〔一八三二－九三年〕は、デカルト哲学を脱宗教化〔世俗化〕されたフランス精神に仕立て上げた。「ご列席の皆さん、私たち〔フランス人〕はいまから百年前、主権〔pouvoir civil〕を教会から国家へと移譲しました。そして二百年前には、デカルトとベーコンという世界で最も偉大な精神の持ち主によって、人間の手にする学知ならびに哲学がやはり脱宗教化されました。私たちは今日〔……〕、あなた方に学校教育を脱宗教化するよう要請することで〔……〕、この大いなる運動を貫く論理に従い続けるものです[16]」と宣言されているとおりである。フランス共産党書記長を務めたモーリス・トレーズはさらにその先を行き、一九四五年の第二次世界大戦終戦に「自由と文明の勝利」のみならずデカルトの勝利をも見てとっている。トレーズは述べる、「人類を襲った疾風と闇夜を突き抜けて、歓喜の歌が鳴り響く夜明けへと私たちを導いていったのは、颯爽とした足取りで進むデカルトに他ならない」[17]。一九二〇年代から三〇年代にかけて、〔『幸福論』などで知られるフランスの哲学者〕アランは、デカルト哲学を自由ならびに精神と生の合一に関する哲学の代表格と受け止めた[18]。〔フランス

---

(14)『定期刊行誌カトリック〔*Le Catholique, ouvrage périodique*〕』(第六巻第一七号、一八二七年、四三二頁／第一二巻第三五号、一八二八年、二三〇頁)。

(15)〔訳注〕一七九二―一八六七年。パリ大学教授などの要職を歴任、「公務員哲学者」を再生産すべく大学進学資格であるバカロレアなどの教育制度を導入、哲学教育を高等教育に限定せず、中等教育(リセ)にまで拡大するよう主張。書簡も含めた初の本格的な『デカルト著作集』全一一巻の刊行を一八二四年に開始。哲学史研究をフランスで振興したことでも知られる。

(16)ジュール・フェリー「一八八〇年十二月二十三日の演説」(『ジュール・フェリー政治演説・発言録〔*Discours et opinions politiques de Jules Ferry*〕』第四巻所収、パリ、一八九六年、一一七頁)。アズヴィの前掲書に引用されている。

(17)モーリス・トレーズの一九四六年五月二日の演説「デカルト生誕三五〇周年」。アズヴィの前掲書に引用されている〔トレーズ(Thorez)は、一九〇〇年生まれのフランスの政治家。一九三〇年にフランス共産党書記長、人民戦線の結成に尽力した。第二次世界大戦中はソ連に亡命、帰国後も一貫してソ連の外交政策を支持し、フランス共産党は「モスクワの長女」と揶揄されるほどであった。一九六四年歿〕。

(18)アラン『プロポ』第二巻、パリ、ガリマール、一九七〇年、三四三頁。

の詩人、思想家の〕ポール・ヴァレリーが書くには、そして同様にスターリン時代のソ連で活躍したデカルト派ママルダシュヴィリ〔一九三〇–九〇年〕によれば、デカルトは「精神の偉大な隊長」、限界を感ずることのない「自我」つまり「すべてを作り出そうとし、またすべてを作り直そうとするが、まず古いものを一掃して白紙に返そうとする」[19]「自我」の発明者である。デカルトは、このような精神世界の英雄なのか、あるいはむしろ狭小な教条主義への先導者の類いなのか。おそらく彼は「フランスにとって災難だった。なぜなら、フランス人から自然さとか率直さとか想像力の豊かさを根こそぎ取り上げてしまったのだから。彼はフランス人を、屁理屈屋で冷淡で無愛想にしてしまった。理性に押し潰されて想像力を働かせず、本能に耳を傾けないフランス人である」[20]。それにもかかわらず、私は思う、ゆえに私は在るというあの命題は、人類が自分に対して人間であることの証を、何ものにも還元されない至高の存在であることの証を示そうとする時、最初に放つ究極の言葉であり続けている。それは……アンドロイド〔人間型ロボット〕自身がこの命題を発する権利を主張するようになるまで変わらないだろう。映画『ブレードランナー』[21]のなかで、比類なき最強のロボットであるネクサス6型の女性レプリカント〔アンドロイド〕は、挑発するかのように「私は考えている、だから存在するのよ」と言う。映画の主人公デッカード——お気づきだろうが、これはまさにDescartes〔デカルト〕を英語風に発音して作られた人名である——はこのことに衝撃を受けて、息を飲むだろう。

(19) ポール・ヴァレリー『ヴァリエテ』第一巻、パリ、ガリマール、一九五七年、七九四―七九五頁〔野田又夫訳「デカルト考」、鈴木信太郎・佐藤正彰編『ヴァリエテ』第一巻所収、人文書院、一九六六年、三九七頁〕。メラブ・ママルダシュヴィリ〔Merab Mamardashvili〕『デカルト的省察〔*Méditations cartésiennes*〕』、パリ、アクト・シュッド、一九九八年。ママルダシュヴィリについて教示してくださったM・エルチャニノフ〔Eltchaninoff〕氏に感謝する。

(20) クルツィオ・マラパルテ『パリの異邦人日記〔*Journal d'un étranger à Paris*〕』、パリ、ドノエル、一九六七年〔マラパルテ（Malaparte）は、一八九八年生まれのイタリアの小説家、ジャーナリスト。一九一八年から政治活動を始め、ファシズム左派の理論家として活躍するが、次第にムッソリーニやヒトラーを批判、ファシズム政党から疎まれ、追放・流刑の果てに、連合軍側に立って解放運動に参加。一九五七年にローマにて歿〕。

(21) 〔訳注〕一九八二年公開のアメリカ映画。フィリップ・K・ディックのSF小説『アンドロイドは電気羊の夢を見るか?』を原作としている。

参考文献

デカルトの著作

おそらく一六一二年から翌年にかけて、『剣術論――有事あるいは平時において高邁の心を欠くことなく自己の責務を果たしながら、騎士として身を巧みに守るためのエペとサーブルの使用法』（手稿紛失）
一六一八年、『音楽提要』
一六一九年以前、『容器中で水が圧迫することに関するデカルト氏の理説』
一六二〇年から一六二二年にかけて、『思索私記』（『パルナッスス』、『デモクリティカ』、『プラエアンブラ〔序章〕』、『主への畏怖は知への初め』、『エクスペリメンタ〔経験談〕』、『オリュンピカ』）
一六二二年頃、『立体の諸要素について』
一六二三年（?）、『良識論』（手稿紛失）
一六二八年（?）、『神性論』（手稿紛失）
一六二九年以前、『数学抄書』（手稿紛失）
一六二九年以前、『驚異の館』（手稿紛失）

一六二八年から翌年にかけて、『精神指導の規則』（出版は一七〇一年になってから）
一六二九年、『形而上学緒論』（手稿紛失）
一六三二年から翌年にかけて、『世界論または光についての論稿』（公刊は一六六四年のこと）
一六三七年、『きわめて重い荷を少ない力で持ち上げることができる器具の説明』〔通称『デカルトの機械論』〕
同年、『自分の理性を正しく導き、いろいろな学問において真理を求めるための方法について述べる話』〔通称『方法序説』〕を『屈折光学』『気象学』『幾何学』という三つの試論とともに出版。これらは「方法の試論」と見なされている（E・ド・クルセルによる『方法序説』のラテン語訳（一六四四年）は、デカルトが目を通し、手直ししている）。
一六四二年、『第一哲学についての省察』『反論』『答弁』『ディネ師宛書簡』（リュイヌ公ルイ＝シャルル・ダルベールによる『省察』〔本文〕のフランス語訳、ならびにガッサンディが執筆した『第五反論』のクレルスリエによるフランス語訳は、一六四七年に出版）
一六四二年頃、『自然の光による真理の探究』（未完、初めて出版されたのは一七〇一年のこと）
一六四三年から一六四九年にかけて、ボヘミア王女エリザベトとの往復書簡
一六四三年、『ヴォエティウス宛書簡』
一六四四年、『哲学原理』（ピコによるフランス語訳は、一六四七年に出版）
一六四八年、『掲貼文書への覚書』『ビュルマンとの対話』

一六四九年、『情念論』（一六四五年から翌年にかけてフランス語で執筆）

校訂版

Œuvres, Ch. Adam et P. Tannery (éds.), nouvelle présentation par B. Rochot et P. Costabel, 11 vol., Paris, Vrin-CNRS, 1964-1974 ; rééd. en poche, Paris, Vrin, 1996.

Œuvres philosophiques, textes établis, présentés et annotés par F. Alquié, 3 vol., Paris, Garnier, 1963-1973.

Entretien avec Burman, éd., présenté et annoté par J.-M. Beyssade, Paris, P.U.F., 1999.

Compendium musicæ, éd., présenté et annoté par F. de Buzon, Paris, P.U.F., 2012.

デカルトに関する著作

Armogathe J.-R. et Carraud V., *Bibliographie cartésienne (1960-1996)*, Lecce, Conte, 2003.

Beyssade J.-M., *La Philosophie première de Descartes*, Paris, Flammarion, 1979.

—— *Études sur Descartes*, Paris, Le Seuil, 2001.

—— *Descartes au fil de l'ordre*, Paris, P.U.F., 2001.

Carraud V., « Descartes et l'Écriture sainte », *GRS*, 4, Paris, Publications de la Sorbonne, 1984.

Carraud V. et Buzon F. (de), *Descartes et les* « Principia » *II*, Paris, P.U.F., 1994.

Carraud V. et Armogathe J.-R., *Bibliographie cartésienne (1960-1996)*, Lecce, Conte, 2003.

Fichant M., *Science et métaphysique dans Leibniz et Descartes*, Paris, P.U.F., 1998.

Gilson É., *La Liberté chez Descartes et la théologie*, Paris, Alcan, 1913 ; réimpr., Paris, Vrin, 1982.

Gouhier H., *Essais sur Descartes*, Paris, Vrin, 1937.

— *La Pensée métaphysique de Descartes*, Paris, Vrin, 1962.

— *La Pensée religieuse de Descartes*, Paris, Vrin, 1972.

— *Cartésianisme et augustinisme au XVII*[e] *siècle*, Paris, Vrin, 1978.

Laporte J., *Le Rationalisme de Descartes*, Paris, P.U.F., 1945.

— *Études d'histoire de la philosophie française au XVII*[e] *siècle*, Paris, Vrin, 1951.

Marion J.-L., *Sur la Théologie blanche de Descartes*, Paris, P.U.F., 1981.

— *Sur le Prisme métaphysique de Descartes*, Paris, P.U.F., 1986.

— *Questions cartésiennes I*, Paris, P.U.F., 1991.

— *Questions cartésiennes II*, Paris, P.U.F., 1996.

— *Sur la Pensée passive de Descartes*, Paris, P.U.F., 2013.

Muralt A. (de), *L'Enjeu de la philosophie médiévale*, New York, Cologne, Brill, 1991.

Rodis-Lewis G., *La Morale de Descartes*, Paris, P.U.F., 1970.

—— *L'Œuvre de Descartes*, Paris, Vrin, 2 vol., 1971.〔ジュヌヴィエーヴ・ロディス=レヴィス『デカルトの著作と体系』小林道夫・川添信介訳、紀伊國屋書店、一九九〇年〕

—— *Idées et vérités éternelles chez Descartes et ses successeurs*, Paris, Vrin, 1985.

—— *L'Anthropologie cartésienne*, Paris, P.U.F., 1990.

Scribano E., *Da Descartes a Spinoza*, Milano, Franco Angeli, 1988.

—— *L'Existence de Dieu*, Paris, Le Seuil, 2002.

—— *Angeli e beati. Modelli di conoscenza da Tommaso a Spinoza*, Bari, Laterza, 2006.

—— *Guida alla lettura delle* Meditazioni metafisiche *di Descartes*, Bari-Roma, Laterza, 2010.

訳者あとがき

文庫クセジュは、一九四一年にフランスで産声をあげてから今日にいたるまで、すでに四千点を超えるタイトルを本国で刊行してきた。フランス哲学のみならず西洋哲学の巨人として君臨し続けているルネ・デカルト（一五九六―一六五〇年）は、文庫クセジュの長い歴史のなかでこれまでに二度取り上げられ、そのうちの一冊がここに全訳した『デカルト』である。もう一冊は、前世紀フランスを代表するデカルト研究者ジュヌヴィエーヴ・ロディス＝レヴィス（Geneviève Rodis-Lewis）氏が執筆し、一九六六年に刊行された『デカルトと合理主義』である。その翌年には、著者名をロディス＝ルイスと表記したうえで、やはりこの哲学者にその研究者人生の大半を捧げてきた福居純氏による日本語全訳が白水社から刊行され、今日でも入手可能である。これは、最新のデカルト研究に照らしても揺るがない手堅い入門書であると言えるが、その題目から推察されるようにデカルトだけを扱ったものとは必ずしも言えず、長らくこの哲学者を正面から論じ切ったタイトルの刊行が待たれていた。二〇一三年に『デカルト』がフランスで刊行されたゆえんである。

著者のロランス・ドヴィレール氏は、一九六九年の生まれ。高等師範学校《エコール・ノルマル・シューペリウール》で学び、パリ第四大学ソルボンヌ校（現ソルボンヌ大学）で博士号を取得。博士論文の指導教官は、文庫クセジュから『スピノザ入門』

（邦訳二〇〇八年）を刊行しているピエール＝フランソワ・モロー（Pierre-François Moreau）氏であった。その後は、出版社に勤務しつつ、パリのサントル・セーヴル・イエズス会哲学神学大学やカトリック学院で教鞭をとっている。専門は、西洋近世哲学とりわけデカルト哲学とその歴史的展開であり、代表作に、博士論文を改稿した『デカルトと神の認識（*Descartes et la connaissance de Dieu*）』（ヴラン、二〇〇四年、以下いずれも仮題）――推薦の序文は、デカルト研究で世界的に認知されているエマニュエラ・スクリバノ（Emanuela Scribano）氏による――、『フェヌロン――無限なものについての哲学（*Fénelon. Une Philosophie de l'infini*）』（セール、二〇〇七年）、文庫クセジュ『思想家たちの100の名言（*Les 100 Citations de philosophie*）』（二〇一五年、邦訳は二〇一九年刊行予定）、『人生を癒す哲学（*Guérir la Vie par la philosophie*）』（フランス大学出版局、二〇一七年）、『比類なき幸福（*Un Bonheur sans mesure*）』（アルバン・ミシェル、二〇一七年）などがある。

私たちは「通俗的なデカルト理解つまりカルテジアニズムのせいで、彼の哲学の本当の中身をしかと取り出せないでいる」（本書七四頁）。「心身二元論」であるとか「合理主義」であるとか、数多のクリシェによって塗り込められてきたこの「カルテジアニズム」を打ち破るために著者が本書で選び取った方途は、神の「無限な」という在り方に焦点をあてることで、デカルト哲学を構成する代表的な論点のすべて（自我論、存在論、認識論、道徳論、生理学と機械論を含む自然学など）をそれに関連づけ、目配りのきいた豊富なデカルトからの引用文とともに統一的な視座から再解釈する試みである。このような試みは、啓蒙書や入門書である限りでの類書には皆無であり、特異なものとして評価できる。その証左としてとりわけ、一方で、「デカルト形而上学の重心」は「私は在る、私は存在すると主張すること」ではなく、「無限なもの」つまり神を指し示す「観念を知解すること」にかかっているという著者の指摘（本書六四頁）が挙げられる。しかもこの「重心」は、デカルトの構想した自然学にまで及ぶ。こうして、神は無限であるがゆえに「非決定」でもあり、そしてそのことのために、「さまざまな〔自然学上の〕仮説は等価なものとして」あり、したがって「理論は実験のもとでその正否を決定される」（本書一七二頁）ことになる。近代科学の基本姿勢である。

他方で、デカルトにおいて「無限なもの」は人間にとって包括的な理解は不可能だが知解は可能とされるため、人はそれを目指して「省察的熟考（méditation）」という知的修練――これはデカルトの主著『省察（*Meditationes*）』に用いられている言葉である――を自らに課すことが不可欠とされるわけだが、本書はこのタイプの修練の何であるかについて、それが最終的には「自分のすべてを神の意志に委ねる」つまり「神を愛する」（本書一五四頁）無私無欲の境地を遠望するものであることまで含めた行き届いた記述をしており、これも類書にはない特徴である。実際に専門的な研究書／論文ですら、この修練のデカルト的用法をとりわけ哲学史的解釈学の観点からキリスト教的な霊性と対照しつつ解明するところまで行っていないと言わざるをえないだけに、著者の目の付け所には印象づけられる。

なお、デカルト哲学における「無限なもの」という概念の重要性は、その主著『全体性と無限（*Totalité et infini*）』（一九六一年）で名高いレヴィナスが強調していることから――ただし、本書で彼の名前が引かれることはない――、本書は、フランス現代思想に関心を寄せる読書人の知的好奇心にも応えられるものとなっている。もちろん、まずはデカルトその人の哲学を鳥瞰したいと願う読者人にとっては、前述の『デカルトと神の認識』における研究成果のエッセンスを余すところなく取り込んだ本書が、この主題に関する、正確な、また、豊饒な情報源となることは言うまでもない。文献一覧表に掲載された研究書はいずれも決定的なものであり、かつ、最新である。あえて未掲載のフランス語文献を付け加えるなら、本書刊行後にダン・アルビブ（Dan Arbib）氏がやはり博士論文を改稿してフランスで公刊した未邦訳の『デカルト、形而上学と無限なもの（*Descartes, la métaphysique et l'infini*）』（フランス大学出版局、二〇一七年、仮題）が挙げられるだろうか。さらに日本語文献も付け加えるなら、とりわけ村上勝三氏が今世紀に入ってから知泉書館より刊行した通称「デカルト研究三部作」が、前世紀に勁草書房より刊行、二〇一二年に講談社学術文庫に収められた『デカルト形而上学の成立』とともに、内容は極めて高度であるが必読の図書として挙げられる。

デカルト哲学の研究手法として不可欠な影響作用史研究の成果が随所で披瀝されている本書では、時代順に列挙するなら、デカルトとの思想上の親近性がたとえば「コギト」について指摘されるアウグスティヌス、それとは反対にデカルトとの異質性がとりわけ「神」の可知性をめぐって強調されるトマス――このドミニコ会士によれば、人は「可感的なもの」を通じて神を知ろうとするが、デカルトはそうは考えない――、さらに「デカルト派の大哲学者」の名に相応しいスピノザとライプニッツなど、従来のデカルト研究において十分な扱いを受けてきた哲学者のみならず、あまり注目されてこなかった哲学者が、デカルト哲学の特徴を際立たせるために引き合いに出されている。とりわけ中世スコラ学からは、「存在の一義性」について精緻な議論を展開したスコトゥスなどが、近世スコラ学からは、デカルトに多大な影響を与えたことが解明されつつあるスアレスが、近世哲学からは、デカルトの同時代人であるレジスやユエ、十七世紀後半に活躍したフェヌロンなどが、さらに近代哲学からはトクヴィルなどがそれぞれ参照されており、そのこともまた類書には認められない本書の特異な試みとして評価できる。

なかでもフェヌロンに関する記述は、そのデカルト研究のみならずフェヌロン研究によっても認知されている著者の本領が発揮されている斬新な箇所と言える。また、デカルトに関してトクヴィルが名著中の名著『アメリカのデモクラシー』のなかで下した評価については、デカルトを曲がりなりにも研究してきた私は本書を通読するまで特段の注意を払ってこなかったことを反省させられたし――付言するなら、アメリカ合衆国におけるフランス哲学受容という研究テーマは日本の人文学においてもっと真剣に取り組まれてよく、なぜデカルトが、さらにはたとえばモンテーニュがアメリカでは好意的に読まれているのか、そのことを説明する一つの視角としてアメリカ合衆国の知的風景を彩る「リベラリズム」があるのではないか、要するに、実践を伴うとは必ずしも言えないが旧態依然の思考習慣を打破する知的自由を謳った彼らの哲学は「新大陸」を生きる人々の拠り所になったのではないか、という論点は未だ十分に取り上げられていないように思われる――、それと関連することとして、近代以降のフェミニズム運動と政教分離政策におけるデカルト哲学の援用についても多くのことを私たちに教えてくれる。

しかし本書には、一般の読書人を主たるターゲットにした文庫クセジュの啓蒙書ないし入門書という性格からすれば、いささか踏み込んだ、つまり、専門家を相手にした研究書にこそ相応しい、そしてその限りで議論の余地のある主張も幾つか見出される。この点についてはすでにアリックス・グリュムリエ（Alix Grumelier）氏が、日本を含めた世界のデカルト研究の潮流を論文リストや書評の形式で紹介する『アルシーヴ・ド・フィロゾフィ（*Archives de philosophie*）』誌所収「デカルト紀要（Bulletin cartésien）」第四四号において指摘しているとおりである。

とりわけ、デカルトのフランス語による初作『方法序説』（一六三七年）ならびにそのラテン語による主著『省察』（初版一六四一年）に出てくる、「私は思う、ゆえに私は在る」という確信をデカルトにもたらした一連の懐疑理由のうち、人の覚醒状態と睡眠状態の区別が曖昧であることは、当時の文学作品にたびたび取り上げられているとおりで、著者はその代表例としてコルネイユの『嘘つき男』を挙げている。しかしこの演劇作品は、原注にもあるように一六四二年の上演であり、著者が言うように、デカルトはそこから「私たちが現実と受け止めているものは虚構かもしれない」（本書三二頁）という懸念のあることを学んだわけでは必ずしもない。この懐疑理由は、古代で言えばプラトン『テアイテトス』、キケロ『アカデミカ』、ルクレティウス『事物の本性について』、その後はアウグスティヌス『アカデメイア派論駁』、さらに近世の幕開けにおいてはモンテーニュ『エセー』などに既出であり、そちらのほうがデカルトの着想源としてははるかに蓋然性が高いからである。なお懐疑に関して付言すれば、著者は、懐疑が「理性の生来的な弱さを示す」というのは「デカルトが検討すらしなかった着眼点」（本書三六頁）であると述べているが、「私たちの自然本性上の弱さが認知されなければならない」という警句で終わる『省察』本文全体の行論を念頭に置いた時、著者のこの発言を一切の留保なしに受け容れることは難しい。

さらに、本書において多くの紙幅を割いて論じられ、また、本書が多くを依拠する『デカルトと神の認識』でも主題的に論じられている神の属性——神はどのような在り方をしているか——に関して、著者は、それが「枚挙の対象になることは決してない」（本書九二頁）と断言している。その代わり直観の対象になると言うのだが、果たしてそれはどの程度までのことだろうか。なるほど『省察』原文において「枚挙する（*enumerare*）」という言葉は「第五省察」の或る一箇所を除いて使われない言葉であり、デカルトは慎重にもこの作業の対象から神の属性を外しているようである。しかし「第三省察」では、「永遠で、無限で、全知で、全能で、自己以外のものすべての創造者である、このうえない或る神」と「或る無限な、独立的な、このうえない知性を有し、このうえない力能を有し、そして、この私自身をも、他の何かが存在しているなら、存在している限りのすべてをも、創造したところの実体」と述べられており、ここには神の属性の一つひとつが人間精神に可能な範囲で列挙されているように思われるのである。

そして、差し当たり最後の論点として、しかも、本書の最もパワフルな主張の一つであるだけに議論を呼ぶこと必至の論点として、「無限なものに関する形而上学」はデカルトにおいて「キリスト教のそれ」としてあり、彼が目指すのは「護教論である」（本書七八頁）、というものがある。デカルトの哲学なかんずく形而上学は「無限なもの」――原則として本書ではフランス語の形容詞と同じスペルの名詞infiniにこの日本語をあてたが、たとえば『省察』原文には名詞*infinitas*さらに*infinitio*は出現せず、形容詞*infinitus*のみが使用されており、したがって「無限な」という形容詞でしか表せない何かの「無限なもの」への実詞化さらに実体化は特定の解釈に立脚するものであり、多少なりとも注意が必要だろう――つまり「神」を考察するわけだが、その「哲学が対象とする神」はまさしく「無限であるため」に、「三位一体の神にして受肉した神、使徒たちの神にしてイエス・キリストの神」（本書一〇二頁）であるとされる。このような著者の主張は、本書末尾で参照されるパスカルを想起させ、つくづく大胆であると思わされる。なるほど、この見解を補強する典拠として『省察』「第六反論に対する答弁」の関連する或る箇所が本書では二度参照されているが、しかしそこでは、著者の主張とは反対に「三位一体の三つの位格」は「信仰の光に照らされた精神」（本書一五九頁）にのみ知得されうると明言され、宗教と哲学を、あるいは恩寵の光と自然の光を峻別するデカルトの慎重さからすれば、著者の大胆さはやはり際立っていると言わざるをえない。議論の余地があるゆえんである。

なお、訳出の過程で気づいた限りでの本書における誤植等はすべて著者に直接の了解をとったうえで訂正した。ただし、煩雑になるのを避けるため、当該箇所を逐一明示することはしなかった。ご了解いただきたい。また、訳者の実力不足による誤訳等も皆無とは言い切れない。読者諸氏にはご海容いただきたく予めお願い申し上げるとともに、不備についてはどうか忌憚なきご指摘をお寄せいただきたい。

最後になりましたが、本書の美質を評価してくださり、その翻訳出版の企画化にご尽力いただいた浦田滋子さんに、心から御礼申し上げます。二〇一三年晩秋にゴーサインが出た旨のお知らせをいただいてから、五年近くもの月日が経ってしまい、遅々として進まない翻訳作業のためにご心労をおかけしました。深くお詫び申し上げます。二〇一五年からは、すでにオリヴィエ・ブロック著『唯物論』（文庫クセジュ、邦訳二〇一五年）の翻訳出版でタッグを組んだことのある小川弓枝さんに実務を担当していただきました。深謝いたします。筑波大学人文・文化学群人文学類ならびに青山学院大学文学部フランス文学科で本書を題材にした講義を行った際には、受講生が拙訳に多くのコメントを改良のために寄せてくれました。彼ら彼女らのフレッシュな知性には毎回、多くの刺戟を受けました。ありがとう。また、本書の翻訳出版の企画化に際してお世話になった谷川多佳子氏（筑波大学名誉教授）、資料整理と索引作成に協力してくれた石田隆太氏（日本学術振興会特別研究員PD／慶應義塾大学文学部訪問研究員）、資料整理に協力してくれた田村歩氏（筑波大学大学院人文社会科学研究科哲学・思想専攻在籍）にも感謝します。

二〇一八年七月　パリ

津崎良典

本文・脚注人名索引

＊日本人名は検索の便のためにフルネームで表記する。
＊欧語でのみ出現しているものについては、その表記を丸括弧で補足。
＊架空の人物は除く。

サ行

タ行

ナ行

ハ行

マ行

ヤ行

ラ行

訳者略歴
津崎良典（つざき・よしのり）
1977年生まれ
国際基督教大学（ICU）教養学部人文科学科卒業
パリ第一大学哲学科博士課程修了（フランス政府給費留学生）
日本学術振興会特別研究員PD（東京大学大学院人文社会系研究科）を経て、
現在、筑波大学人文社会系准教授
主要著作
Normes et marginalités à l'épreuve（共著、Presses universitaires de Strasbourg）
『デカルトの憂鬱――マイナスの感情を確実に乗り越える方法』（扶桑社）
主要訳書
Philosophie japonaise: le néant, le monde et le corps（共訳、Vrin）
デリダ『哲学への権利』第二巻（共訳、みすず書房）
デカルト『デカルト全書簡集』第四巻（共訳、知泉書館）
ブロック『唯物論』（共訳、白水社文庫クセジュ）
ライプニッツ『ライプニッツ著作集』第二期第二巻・第三巻（共訳、工作舎）

文庫クセジュ　Q 1022
デカルト

2018年9月 1 日　印刷
2018年9月20日　発行
著　者　　ロランス・ドヴィレール
訳　者 Ⓒ 津崎良典
発行者　　及川直志
印刷・製本　株式会社平河工業社
発行所　　株式会社白水社
東京都千代田区神田小川町 3 の 24
電話　営業部　03（3291）7811 / 編集部　03（3291）7821
振替　00190-5-33228
郵便番号　101-0052
www.hakusuisha.co.jp

乱丁・落丁本は，送料小社負担にてお取り替えいたします．
ISBN978-4-560-51022-3
Printed in Japan

文庫クセジュ

哲学・心理学・宗教

文庫クセジュ

973 100の神話で身につく一般教養
977 100語でわかるセクシュアリティ
978 ラカン
983 児童精神医学
987 ケアの倫理
989 十九世紀フランス哲学
990 レヴィ＝ストロース
992 ポール・リクール
996 セクトの宗教社会学
997 100語でわかるマルクス主義
999 宗教哲学
1000 イエス
1002 美学への手引き
1003 唯物論
1009 レジリエンス
1015 100語でわかる子ども
1018 聖なるもの
1019 ギリシア神話シンボル事典
1020 家族の秘密
1021 解釈学

文庫クセジュ

語学・文学

266 音声学
514 記号学
579 ラテンアメリカ文学史
598 英語の語彙
618 英語の語源
646 ラブレーとルネサンス
706 フランス・ロマン主義
711 中世フランス文学
714 十六世紀フランス文学
716 フランス革命の文学
721 ロマン・ノワール
729 モンテーニュとエセー
753 文体の科学
774 インドの文学
776 超民族語
777 文学史再考
784 イディッシュ語
788 語源学
817 ゾラと自然主義
822 英語語源学
829 言語政策とは何か
838 ホメロス
840 語の選択
846 社会言語学
855 フランス文学の歴史
868 ギリシア文法
924 二十世紀フランス小説
930 翻訳
934 比較文学入門
949 十七世紀フランス文学入門
955 SF文学
965 ミステリ文学
971 100語でわかるロマン主義
976 意味論
980 フランス自然主義文学
1008 音声の科学